Alfonso   Gálvez

# EL AMIGO
# INOPORTUNO

Segunda Edición
New Jersey
U.S.A. - 2020

CATALOGING DATA

Author: Gálvez, Alfonso, 1932–
Title: El Amigo Inoportuno

| | |
|---|---|
| First Printing | New Jersey, 1995 |
| Second Printing | New Jersey, 2020 |

**Library of Congress Control Number: 2020907564**

ISBN–13: 978-1-7322885-5-3

**Published by
Shoreless Lake Press
P.O. Box 157
Stewartsville, New Jersey 08886**

# PRÓLOGO

Este libro está compuesto por tres meditaciones distintas y aparentemente no relacionadas entre sí.

La primera de ellas —"El Amigo Inoportuno"—, que es la que da título al libro, se refiere a la conocida parábola evangélica, y es una charla sobre la oración.

Se trata de un comentario festivo e ilusionado, que pretende aprovechar los detalles de la narración evangélica para resaltar alguno de los aspectos de la oración. Si la oración es un diálogo amoroso con Dios, habrá de tener entonces las cualidades propias de las relaciones de amor entre personas mutuamente enamoradas. Una de esas cualidades es la osadía, nacida a su vez de la confianza que proporciona el saberse amado "hasta el fin" (Jn 13:1), y que algunas veces llega a tal grado que hasta puede convertirse en aparente inoportunidad. Sin embargo, esa osadía (hasta la inoportunidad) es tan necesaria a la oración como lo es la pasión (también hasta la inoportunidad) en las relaciones de amor. De hecho es lo que el Señor viene a recomendar en la parábola.

Por supuesto que esa osadía se traduce en pedir y esperar todo de la persona amada, precisamente porque se sabe que ella puede darlo todo y que, además, está deseando hacerlo. Dada la condición de reciprocidad, que es propia del amor, esto supone, a su vez, que el que pide también desea entregarle a la persona amada todo lo que tiene. Con lo cual se llega a la conclusión de que una oración carente de osadía, y, si se quiere, de inoportunidad, es como una relación de amor carente de pasión y de calor.

La segunda meditación —"El Amor a la Verdad"—, como se dice en ella, es más bien un desahogo del corazón. Puesto que vivimos en un mundo en el que abunda la farsa, en el que la manipulación de las mentes es una cosa normal, y en el que parece que el espíritu de la mentira se ha introducido hasta en algunos rincones o recovecos de la misma Iglesia, seguramente no estará de más que alguien exprese (haciéndose eco del anhelo de tantos cristianos) sus sentimientos de nostalgia y de amor por la verdad. Una verdad que se echa de menos en la misma medida en que los hombres de nuestro tiempo se sienten menos libres y más manejados ("La verdad os hará libres"). Y una verdad que mucha gente desearía ver defendida y amparada por la Iglesia; desde luego sin oportunismos, sin concesiones, y sin galanteos interesados con el Sistema.

La última meditación —"La Viuda Pobre"— es una reflexión sobre la virtud cristiana de la pobreza, aprovechando el episodio evangélico de la viuda pobre que depositó como limosna, en el gazofilacio del Templo, todo lo que tenía.

Esta última parte del libro es un intento de expresar que la pobreza cristiana es una virtud mucho más importante de lo que parece. Y, sobre todo, mucho más seria que esa caricatura de virtud en que la han convertido los cristianos "horizontalistas" y defensores de un Evangelio sólo para este mundo. En ella se intenta hacer ver que, para ser pobre en sentido cristiano, no basta con irse a vivir al "Pozo del Tío Raimundo" y hacer del caso una noticia periodística para que todo el mundo se entere (ni siquiera con el pretexto del "testimonio"). Los pobres verdaderos no suelen ser noticia y pasan más bien desapercibidos, además de que sus sufrimientos, por lo general, solamente son conocidos por Dios. Por lo demás, la verdadera pobreza cristiana se fundamenta (como cualquier virtud) en el verdadero amor, y consiste en algo más que en renunciar al dinero o a vivir en una casa cómoda: "Y aunque repartiera todos mis bienes en alimentos..."

Como suele hacerse en estos casos, ahora sería obligado hablar del hilo conductor que une estas tres reflexiones, referidas por lo demás a temas dispares y distintos. Pero aquí no se va a insistir en ello, dejando por una vez esa tarea en manos del lector. Si acaso, anotar, por lo que hace al "Amigo Inoportuno", que quizás ahora más que nunca haga falta una oración atrevida, enamorada y apasionada hasta el grado de que parezca inoportuna. Precisamente cuando tantos han abandonado la oración y parecen haber olvidado que las relaciones con Dios son, eminentemente y sobre todo, relaciones de amor. La Iglesia de hoy se ha dedicado con tanto afán a programar las relaciones con los "otros", que no parece sino que se hubiera olvidado de la no menos importante tarea de impulsar también las relaciones con el "Otro."

Pero si la oración es una relación y un diálogo de amor con Dios, la pobreza (después de la caridad) es la virtud más relacionada con ese amor. Los amantes se lo entregan "todo" mutuamente, precisamente porque están mutuamente enamorados. En este sentido, la verdadera pobreza cristiana es la más patente demostración (y la única) de que se ama con verdadero amor.

Y, por último, por lo que hace al "Amor a la Verdad", quizás baste con recordar aquí que también ella —la Verdad— es patrimonio exclusivo de los enamorados. Porque los hombres solamente se hacen acreedores a la posesión de la Verdad cuando la aman sinceramente. Y, si es cierto que hoy son con harta frecuencia engañados y manipulados, ello no se debe a otra cosa sino a que voluntariamente han desterrado de su corazón el amor a la verdad. Pues la verdad es otorgada solamente a los que se abren amorosamente a ella y la acogen.

De este modo, para el que así le plazca, quizás podría haberse encontrado, por fin, el "hilo conductor." El cual no es otro aquí que el del amor. Porque el que verdaderamente ame llegará a mantener con Dios diálogos de enamorado, con todo lo que llevan consigo los diálogos y las relaciones de amor (apasionados, osados, imprudentes, inoportunos...). Y, por otra parte, deseará ser pobre entregándolo todo (quedándose, por lo tanto, sin nada), por amor de la persona amada. Todo lo cual es imposible sin el amor a la verdad, que es, al fin y al cabo, un camino imprescindible, señalado por el Señor, para llegar a la auténtica santidad: "Padre, santifícalos en la Verdad."

# EL AMIGO INOPORTUNO

Y les dijo: «Si uno de vosotros tiene un amigo y acude a él a medianoche y le dice: "Amigo, préstame tres panes, pues un amigo mío ha llegado de viaje y no tengo qué darle." Aunque aquél le responda desde dentro: "No me molestes, la puerta está cerrada y yo y mis hijos acostados; no puedo levantarme a dártelos." Os lo aseguro: aunque no se levante a dárselos por ser su amigo, al menos por su importunidad se levantará y le dará todo lo que necesite. También yo os digo: Pedid y se os dará; buscad y hallaréis; llamad y se os abrirá. Porque todo el que pide recibe; y el que busca halla, y al que llama se le abre. Pues, ¿qué padre habrá entre vosotros que si su hijo le pide un pez, en lugar de un pez le dé una serpiente? O si le pide un huevo, ¿le dé un escorpión? Pues si vosotros, siendo malos, sabéis dar cosas buenas a vuestros hijos, ¿cuánto más el Padre del cielo dará el Espíritu Santo a quienes se lo piden?»

(Lc 11: 5–13)

# I

Lo primero que llama la atención en la parábola del *amigo in-oportuno* es la narración misma. Aun conociendo las costumbres del mundo antiguo, la figura de este personaje que llega a medianoche, para pedir prestados tres panes a un amigo, no deja de parecer extraña. Acaba de recibir a un huésped y no tiene para darle de cenar. El otro amigo, que a una hora tan intempestiva se encuentra ya en la cama, lo mismo que toda su familia, acaba no obstante por atenderlo; aunque más movido, al parecer, por el deseo de librarse de la importunidad que por los requerimientos de la amistad.

Pero todo es más extraño todavía cuando se considera que el relato se refiere a la oración. Y también, por supuesto, a las condiciones que debe reunir la oración. Pues está claro que la parábola del *amigo inoportuno* es una parábola sobre la oración y sobre el modo y manera de hacerla bien. Y no deja de ser curioso que se fundamente sobre el modelo de comportamiento de un amigo inoportuno que, además, es bastante inoportuno.

De todos modos, después de haber superado el primer momento de extrañeza, y una vez comprendido y delimitado el objeto de la parábola, aparece en seguida con claridad la que podría ser considerada como la primera condición de la oración.

La parábola cuenta el caso de un amigo que se dirige a otro amigo en demanda de ayuda. La inoportunidad de las circunstancias que concurren —sin que eso pueda ser considerado como un simple detalle pintoresco de la parábola— tiene también su importancia como después se verá, aunque quizá sea más conveniente ahora empezar fijando la atención en el hecho de la amistad. Se trata de un amigo que se dirige a otro amigo en solicitud de ayuda, impulsado por la necesidad. Algo absolutamente normal, puesto que es propio de la amistad que los amigos *se necesiten* y se ayuden en consecuencia. Por eso la narración repite con insistencia la palabra *amigo* en los primeros versículos (5–8). No es extraño tampoco que todo el mundo se haya puesto de acuerdo en llamarla de esa manera: la parábola del *amigo inoportuno*.

Es cosa fundamental en la parábola. Alguien se dirige a un amigo en demanda de ayuda, invocando para ello la amistad. La circunstancia de la importunidad no hace sino resaltar más esa amistad, y precisamente porque la pone a prueba. El amigo importunado acaba sirviendo al otro porque se trata de un amigo. Frente a lo que pudiera parecer a primera vista, la parábola no afirma que la petición fue atendida *para librarse de la importunidad*; sino que más bien parece indicar que hubiera sido despachada de todos modos. Dicho de otra forma: la demanda fue atendida, *si no por la amistad*, al menos por librarse de la importunidad. No cabe duda, por lo tanto, que en la mente del Señor es la amistad el primero en la escala de los motivos determinantes: *En verdad os digo que, aunque no se levante a dárselos por ser su amigo, al menos por su importunidad se levantará y le dará todo lo que necesite.* Ya se ve que la importunidad tiene aquí gran importancia y juega un buen papel. Después se hablará de ello, aunque por ahora conviene ponerla en su justo lugar. Porque lo verdaderamente decisivo aquí es la amistad.

La amistad es aquí el sustrato o fundamento de la petición. En nuestro caso es el sustrato o fundamento de la oración, además de ser también el objeto y el fin de esta última. Pues, si por una parte la oración se desprende necesariamente de la naturaleza misma de la amistad, por otra se propone aumentarla más todavía. Siendo la oración una comunicación de amor entre personas que se aman —en este caso Dios y el hombre—, no tiene sentido alguno sin la amistad. Así es como desaparece toda posible inoportunidad de las circunstancias, puesto que el amor justifica todos los requerimientos que se hagan a la persona amada, por disparatados que puedan parecer. Y hasta es posible que los requerimientos sean más y más descabellados a medida que sea mayor el amor que se profesan los amigos.

No existe la posibilidad de exigencias desmedidas en el amor. Puesto que es propio del amor el deseo de recibirlo *todo*, no puede decirse nunca que sus requerimientos sean excesivos: *La caridad todo lo espera*.[1] Más aún: un amor comedido en cuanto a lo que espera recibir no sería verdadero amor. Tampoco se puede decir en ningún caso que es *demasiado* lo que el amor espera alcanzar, en el sentido de que sus apetencias sean exageradas. Pues, conforme a su propia naturaleza, el amor no pide nunca poco, mucho, o demasiado, sino sencillamente *todo*, y eso es justamente lo que espera recibir.

Lo cual no es contradictorio con el carácter absolutamente desinteresado del amor. Aunque es verdad que la caridad *no busca su propio interés*,[2] como es obvio, hay que entender bien esta expresión. No busca su propio interés según y cómo..., porque lo único

---

[1] 1 Cor 13:7.
[2] 1 Cor 13:5.

que le *interesa* es la persona amada y el *interés de la persona amada*. El que ama lo espera *todo*, justamente porque no espera nada de
sí mismo ni para sí mismo. Solamente espera y desea a la persona
amada; pero en totalidad.

Lo que el hombre busca en la oración, haciéndolo objeto de su
amor, es el mismo Dios, o el Ser infinito. Y siendo Dios el Todo, no
se puede hablar con respecto al hombre de requerimientos exagera-
dos en la oración. Más bien al contrario, puesto que, dado que se
refieren a la Totalidad, los requerimientos han de ser excesivos por
naturaleza: *Os lo aseguro: quien cree en mí hará las obras que yo
hago y las hará mayores que éstas, porque yo voy al Padre. Y todo lo
que pidáis en mi nombre, eso haré, para que el Padre sea glorificado
en el Hijo. Si algo pedís en mi nombre, yo lo haré.*[3] Así no tiene nada
de particular que el Señor termine su exhortación con una llamada
insistente para que se pidan cosas en la oración. Las cuales deben
ser siempre muchas: *Pedid y se os dará; buscad y hallaréis; llamad
y se os abrirá. Porque todo el que pide recibe; y el que busca halla,
y al que llama se le abre.* Y además grandes, hasta llegar a lo mayor
imaginable o incluso inimaginable: ...¿*Cuánto más el Padre del cielo
dará el Espíritu Santo a quienes se lo pidan?*

Se ha dicho antes que es normal que los amigos *se necesiten*,
y que para eso precisamente está la amistad.[4] Y, aunque tal cosa

---

[3]Jn 14: 12–14; cf también 15:7; Mt 21:22; 1 Jn 3:22.

[4]Esta necesidad surge obligadamente de la misma naturaleza de los seres, como
es el caso de las criaturas, o de la misma naturaleza del amor. En este último
sentido es como Dios ha hecho uso de su soberana libertad y ha querido *necesitar*
al hombre. La naturaleza del amor es metafísicamente opuesta al solipsismo, y
esa es la razón de que en Dios, que es Amor sustancial, haya una pluralidad de
Personas. Por supuesto que, así como no tendría sentido alguno hablar de que las
Personas divinas se necesitan unas a otras, lo tiene en cambio plenamente cuando
se trata de las criaturas: tanto entre sí mismas como con respecto a Dios. El amor
es la prueba más concluyente contra el idealismo.

parece contradecirse con el carácter básicamente amoroso —y por
lo tanto desinteresado—, de la amistad, la contradicción no es más
que aparente. Si por una parte es cierto que los amigos se necesitan
mutuamente, y que la amistad está ordenada a eso, por otra sin
embargo hay que advertir que esa *necesidad* y esa *dependencia* son
voluntariamente queridas y buscadas. Lo cual no las hace menos
reales y verdaderas como tales. El amigo *inoportuno* que llega a
medianoche a pedir unos panes, amparándose precisamente en su
condición de amigo, no hace otra cosa que actuar con la lógica que
se desprende de las leyes de la amistad. El otro, por más que se
encuentre ya en la cama, lo mismo que toda su familia, no tiene
por qué extrañarse de lo que sucede. Si acaso, al dar los panes,
estuviera su actitud más determinada por el deseo de librarse de
la importunidad que por razón de la amistad, la falta sería suya
más que del pedigüeño inoportuno. El fallo en la amistad estaría
más en el que actuara por motivos de orden inferior, y no en el que
mostrara exigencias fundamentadas en la actitud que lo espera todo
de la persona amiga. La prueba de que las cosas son así está en el
hecho de que el Señor exhorta en la parábola para que se pida con
esa insistencia, sin tener demasiado en cuenta las inoportunidades.

Los amigos se necesitan porque la amistad es una de las formas
del amor. Y en el amor es esencial la mutua dependencia de los que
se aman. Ahora bien, puesto que en el amor todo es voluntario y
libre por naturaleza, tal dependencia es, por lo tanto, enteramente
libre también. El que ama desea depender del amado, y con razón,
ya que le ha entregado su vida de tal manera que bien se puede
decir que la ha cambiado por la del otro: *Como el Padre que me
envió vive y yo vivo por el Padre, así quien me come también él
vivirá por mí.*[5] Por eso decía también el Apóstol: *Y vivo, pero no*

---

[5] Jn 6:57.

*yo, sino que es Cristo quien vive en mí.*[6] Pero, una vez decididas libremente, la necesidad y la dependencia con respecto a la persona amada son fundamentales, desde el momento en que pertenecen a la esencia del amor; y porque habiendo renunciado a la propia vida por la del amado, el amante necesita ahora de esa persona amada *para vivir.* Por eso decía el Señor que *quien me come vivirá por mí... Quien come mi carne y bebe mi sangre permanece en mí y yo en él.*[7]

De este modo la oración se fundamenta en la amistad. En realidad la oración es la práctica de una amistad que aumenta inexorablemente al ejercitarse. Siendo la oración un diálogo amoroso, y hasta una auténtica relación de amor, es impensable sin la amistad como base sustentadora.[8] Lo esencial de la oración no es la petición, sino la amistad. Se acude al amigo *porque existe con él una relación de amor.* El punto central de la parábola del amigo inoportuno, frente a lo que pudiera parecer a primera vista, no es la petición. Lo verdaderamente importante en ella, que impregna con su aroma toda la parábola, es el hálito de la amistad. Amistad que se atreve a ser tan inoportuna porque conoce su propia intensidad y su tremenda grandeza. Tamaña importunidad no es sino la demostración de una confianza grande y atrevida... derivada, a su vez, de un inmenso y

---

[6]Ga 2:20; cf también Mt 10:39: *Quien pierda su vida por mí, la encontrará.*

[7]Jn 6: 56–57. Así sucede que en el amor, y por lo tanto también en la amistad, todo es reciprocidad. Lo cual conduce a la conclusión de que Dios también necesita al hombre. Con necesidad verdadera aunque *secundum quid.* Habiéndolo querido así libremente y por amor, Dios ha cambiado el tono de sus relaciones con el hombre: tenían que haber sido de Creador a creatura y ahora se han convertido, por generosa e inefable decisión divina, en relaciones de amor y amistad: *Ya no os llamaré siervos, sino amigos* (Jn 15:15).

[8]El hombre pecador puede y debe hacer oración. Pero la oración del pecador que se vuelve sinceramente a Dios en demanda de auxilio o de perdón, contiene ya en sí misma un principio de amor, e incluso es amor, hasta el punto de que no podría darse ni existir de otra manera.

grande amor. No debe olvidarse que, para el Señor, el punto límite de la demostración de la amistad está en la donación total, que no es otra que la de la propia vida: *Nadie tiene amor mayor que el de dar la vida por sus amigos.*[9]

---

[9]Jn 15:13.

## II

La segunda condición necesaria para una buena oración tiene que ver, de una parte, con el silencio y la quietud, y de otra con las *noches* del alma. Es *a la medianoche* cuando, según dice la parábola, llega el amigo inoportuno: *Si uno de vosotros tiene un amigo y acude a él a medianoche y le dice...* ¿Por qué precisamente a la medianoche? Sin duda que el Señor añade esta circunstancia difícil a fin de resaltar la confianza y el atrevimiento del que acude al amigo en demanda de ayuda. Pero nada impide ver aquí también un indicio acerca del momento más adecuado para acudir a un amigo... o tal vez para hacer oración, que viene a ser lo mismo.

No se trata de ninguna arbitrariedad. La verdadera amistad busca siempre el mejor momento para que el encuentro con el amigo produzca el máximo sabor y la mayor dulzura; por eso trata de evitar todas las circunstancias que de algún modo puedan estorbar. A menos que se trate de alguno de esos encuentros intranscendentes de la vida diaria, fruto a su vez de relaciones que apenas si merecen el nombre de amistad.

La verdad es que el inoportuno de la parábola busca a su amigo a hora tan intempestiva *porque es en ese momento cuando lo necesita*. Lo dice expresamente el mismo texto: *Pues un amigo mío ha llegado de viaje y no tengo qué darle*. Es difícil que alguien posea la facultad de elegir la hora adecuada para sentirse en necesidad. Como tampoco existe la manera de fijar un horario para señalarle sus momentos al corazón. Por otra parte es en los momentos de mayor desamparo cuando urge la necesidad de acudir al amigo, sin que le sea dada al hombre la posibilidad de elegir la oportunidad de tales momentos. Las circunstancias más dolorosas aparecen normalmente en lo más obscuro y denso de la noche de la vida —*a la medianoche*—, y ahí es justamente cuando el hombre se siente apretado por la necesidad de acudir al amigo. En el caso de la oración es indudable que es en los momentos de mayor obscuridad interior, o de las noches del alma, cuando el hombre más necesita acudir a Dios. Y en todo caso, además de eso, la quietud y el silencio de la noche favorecen el diálogo en la intimidad. Por lo tanto, quietud y tranquilidad exterior por una parte, y obscuridad y noche del alma por otra. Dos notas características que favorecen la oración, o la hacen necesaria, y que están contenidas en la parábola por la circunstancia señalada de la medianoche.

Porque es a la medianoche cuando el importuno va en busca de su amigo para pedirle ayuda. Justamente a la hora en que reinan por todas partes el silencio y la quietud. Y sin duda alguna la mejor para buscar al Señor en la oración. De donde he aquí algo que antes parecía inoportuno, por lo inusitado y lo avanzado de la hora, y ahora resulta que es lo mejor. Pues sucede con la oración lo mismo que con la verdadera amistad: busca al amigo ante todo y sobre todo porque se trata del amigo, con el ferviente deseo de que en el encuentro no se interponga nada que lo perturbe o lo impida. Por eso dice con gran énfasis el Esposo del *Cantar*:

*Os conjuro, hijas de Jerusalén,*
*por las gacelas y las cabras monteses,*
*que no despertéis ni inquietéis a mi amada*
*hasta que ella quiera.*[1]

Y por eso también la esposa del *Cantar* le dice al Esposo:

*Ven, amado mío, vámonos al campo;*
*haremos noche en las aldeas.*[2]

Refiriéndose al Señor, dice el Evangelio expresamente que *por aquellos días se fue al monte a orar y pasó la noche orando a Dios...*[3] *Una vez despedida la gente subió al monte para orar a solas. Al anochecer estaba Él solo allí.*[4] Y Él mismo, por su parte, aconsejaba también a sus discípulos la soledad: *Cuando te pongas a orar entra en tu habitación y, cerrada la puerta, ora a tu Padre que está en lo oculto; y tu Padre, que ve en lo oculto, te recompensará.*[5] ¿Por qué siempre la soledad de la noche o de la madrugada para hacer oración?: *Muy de mañana, al amanecer, se levantó, salió, y se fue a un lugar solitario, y allí oraba.*[6] Seguramente porque el hombre se debe a Dios ante todo, antes de deberse también a sus hermanos.

Se debe a Dios en primer lugar y ante todo, y por eso tiene que buscarlo en soledad. Justo en el momento en que las otras cosas no pueden estorbar. Pues ha de quedar claro que Dios está sobre todas

---

[1] Ca 3:5.

[2] Ca 7:12.

[3] Lc 6:12.

[4] Mt 14:23.

[5] Mt 6:6.

[6] Mc 1:35.

ellas y tiene que ser amado sobre todas ellas. Hay además otra razón: porque el diálogo de amor transcurre en la intimidad y gusta por eso de la soledad.

Por eso Dios ha de ser buscado *en soledad*. Y por eso decía San Juan de la Cruz:

> *En soledad vivía,*
> *y en soledad ha puesto ya su nido,*
> *y en soledad la guía*
> *a solas su querido,*
> *también en soledad de amor herido.*

No es un desprecio a las cosas. Ni tampoco cuestión de dejar de amarlas *temporalmente*, a modo de cariño aplazado, pues nada ni nadie deja de ser amado por cierto tiempo desde el momento en que el amor no entiende de intermitencias. La verdad es que nunca son las cosas tan amadas como cuando el hombre está delante del Infinito Amor. Lo que sucede, simplemente, es que ése es el momento de la verdad. De la Verdad absoluta —que no es otra sino Dios—, ante cuya realidad todas las otras verdades se hacen en cierto modo relativas. Teniendo bien presente que tal conciencia de relatividad no conduce a que las cosas difuminen su ser en lo más mínimo, sino a que sean conocidas como lo que son y en su relación con Dios, que es su principio y su fin. Cuando el hombre intenta encontrarse con Dios, buscando para conseguirlo la soledad y el alejamiento de las cosas, no deja de amarlas. Simplemente cumple con las leyes y las exigencias del amor. Porque el cristiano ama a las cosas con *todo* su corazón. Pero con un corazón que anda siempre en búsqueda ansiosa y anhelante de un *Todo*. Cuando por fin lo encuentra, el *cuidado* de las demás cosas puede ser dejado *como olvidado* y entre las azucenas, tal como decía San Juan de la Cruz:

> *Quedéme y olvidéme,*
> *el rostro recliné sobre el Amado,*
> *cesó todo y dejéme,*
> *dejando mi cuidado*
> *entre las azucenas olvidado.*

No es que ese cuidado quede olvidado en realidad. Tan solamente queda, como se ha dicho antes, *como olvidado*, puesto que no es sino un olvido aparente. Que no se refiere a las cosas y a las personas amadas, las cuales nunca son olvidadas en cuanto que nunca dejan de ser amadas, sino a la persona que las ama. Lo que va a faltar ahora es la presencia del amante, y no precisamente el amor de las cosas por él queridas. Con lo que se quiere decir que, si alguien se encuentra en peligro de olvidar, no es el que se va sino el que se queda. Pues el que se marcha se va al *Todo*, por lo que su presencia va a ser menos patente desde ahora para los que aún no han llegado al término: *Me buscaréis; y como dije a los judíos: A donde yo voy, vosotros no podéis venir, también os lo digo ahora a vosotros.*[7]

Nunca está el hombre más presente a sus hermanos que cuando los deja para encontrase con Dios en soledad. Por otra parte, solamente cuando bebe de Dios (Jn 7: 37–39), que es la fuente de todo amor, es cuando puede amar a sus hermanos y a todas las cosas. Entonces y sólo entonces: *Pero yo os digo la verdad: os conviene que yo me vaya, pues si no me voy, el Paráclito no vendrá a vosotros; en cambio si me voy, os lo enviaré.*[8]

Sucede a veces que el Amor solamente viene cuando alguien se va. Por lo demás, el hombre necesita quedarse en soledad para comprender muchas cosas, puesto que únicamente el Amor es el que

---

[7] Jn 13:33.

[8] Jn 16:7.

puede hacer que las comprenda: *No os dije esto desde el principio porque yo estaba con vosotros...*[9] *Estas cosas las he dicho estando con vosotros, pero el Paráclito, el Espíritu Santo que el Padre enviará en mi nombre, él os enseñará todo y os recordará todas las cosas que os he dicho.*[10]

El hombre no se aleja de las cosas, ni las olvida, cuando se aparta de ellas para encontrarse con Dios en soledad. Es en la presencia de Dios cuando las cosas son más patentes, más presentes, y hasta más amadas que nunca. Si acaso son las cosas las que se quedan solas; pero para ser más amadas y para poder amar más ellas también. Alguien tiene que amar, hasta dar su vida, para que otros vivan y aprendan a amar. Y alguien tiene que marcharse, dejando a los demás en soledad, para que la momentánea separación se convierta al fin en el encuentro definitivo que nada ni nadie romperá: *Habéis oído que os dije: Me voy y vuelvo a vosotros...*[11] *Cuando me vaya y os haya preparado un lugar, de nuevo vendré y os llevaré conmigo, para que donde yo estoy estéis también vosotros...*[12] *Andáis preguntándoos entre vosotros porque dije: Un poco, y no me veréis; y otro poco, y me veréis. Os aseguro que lloraréis y os lamentaréis, pero el mundo se gozará; vosotros os entristeceréis, pero vuestra tristeza se convertirá en alegría.*[13] La alegría perfecta, consumada y definitiva, es cosa de la Patria; mientras tanto es preciso luchar con la tristeza y el dolor de los caminos que conducen a ella.

El que busca la soledad para encontrar a Dios jamás se queda solo. Acaba poseyéndolo Todo, mientras que la soledad es lo único que encuentran los que eligen el ser efímero y participado de las

---

[9] Jn 16:4.
[10] Jn 14: 25–26.
[11] Jn 14:28.
[12] Jn 14:3.
[13] Jn 16: 19–20.

otras cosas. Y no es cierto que el que procura la soledad por amor de Dios abandona las cosas, sino que más bien son las cosas las que lo abandonan a él, de mejor o de peor grado: *Jesús volviéndose a ellas les dijo: Hijas de Jerusalén, no lloréis por mí; llorad más bien por vosotras y por vuestros hijos.*[14]

El que busca la soledad para encontrar a Dios en la oración no desea propiamente la aniquilación de los sentidos, sino la quietud y la paz necesarias para entregarse *del todo* a Dios en ese momento. El que ora busca la soledad como medio indispensable para intimar con Dios:

*Introdúzcame el rey en sus cámaras.*[15]

Es evidente que los autores de espiritualidad no quieren decir sino que los sentidos *no están en ese momento para las demás cosas.* Ahora bien, puesto que el hombre nunca vive más intensamente que en la oración, es obvio que los sentidos se encuentran también en ese momento en su máximo grado de actividad; aunque, por supuesto, *vueltos por completo a Dios.* Por otra parte, el hombre los necesita para poder amar y ser amado al modo apropiado a su naturaleza. Y así dice, por ejemplo, del Esposo la esposa del *Cantar:*

*Béseme con besos de su boca.*[16]

Y en otro lugar también:

*Reposa su izquierda bajo mi cabeza*
*y con su diestra me abraza amoroso.*[17]

---

[14]Lc 23:28.
[15]Ca 1:4.
[16]Ca 1:2.
[17]Ca 2:6.

En otra parte alude la esposa con alegría a los sentidos de la vista y del oído, que son los más propios y adecuados para la percepción de la belleza. Y exhorta orgullosa a sus compañeras para que miren y oigan al Esposo:

> *Es mi amado como la gacela o el cervatillo.*
> *Vedle que está ya detrás de nuestros muros,*
> *mirando por las ventanas,*
> *atisbando por entre las celosías.*
> *Oíd que me dice:*
> *Levántate ya, amada mía,*
> *hermosa mía, y ven.*[18]

A su vez el Esposo le dice a la esposa del *Cantar*:

> *Dame a ver tu rostro, dame a oír tu voz,*
> *que tu voz es suave, y es amable tu rostro.*[19]

O en otro lugar:

> *Aparta ya de mí tus ojos,*
> *que me matan de amor.*[20]

Está claro que los sentidos no son *aniquilados* en la oración. Porque en el trato íntimo de la relación divino–humana es necesaria su actividad, tal como sucede siempre en cualquier relación amorosa en la que interviene el hombre. Cada uno de los amantes quiere contemplar al otro y ser contemplado por él; decirle palabras de

---

[18]Ca 2: 9–10.

[19]Ca 2:14.

[20]Ca 6:5.

amor y escucharlas de él; estrecharlo entre sus brazos y ser abrazado por él. El ser humano elevado por la gracia ama con amor divinizado, pero sin dejar de ser humano. Amor sobrenatural y elevado, con los sentidos y potencias transformados por la gracia..., que continúan siendo sin embargo los de un ser humano.

La *quietud* de los sentidos no tiene nada que ver con su pasividad o su ineficacia. Significa simplemente que los sentidos se encuentran en su más alto grado de actividad, *pero enteramente vueltos hacia Dios.*

Es a la medianoche cuando llega el Esposo de la parábola de las vírgenes.[21] Lo cual sucede así porque los amantes procuran que su encuentro tenga siempre lugar a la hora de la quietud, del silencio y de la soledad. Como decía San Juan de la Cruz:

> *En la noche dichosa,*
> *en secreto, que nadie me veía,*
> *ni yo miraba cosa,*
> *sin otra luz ni guía,*
> *sino la que en el corazón ardía.*
>
> *Aquésta me guiaba*
> *más cierto que la luz del mediodía,*
> *a donde me esperaba*
> *quien yo bien me sabía,*
> *en parte donde nadie parecía.*
>
> .............
>
> *Gocémonos, Amado,*
> *y vámonos a ver en tu hermosura*
> *al monte o al collado*
> *do mana el agua pura,*
> *entremos más adentro en la espesura.*

---

[21] Mt 25: 1–13.

Los amantes buscan la soledad porque desean dedicarse *en totalidad* el uno al otro, sin nada que los distraiga. Pero, además, el amor no puede ser comprendido nunca desde fuera del amor: las palabras o gestos que cruzan entre sí los amantes son tan eminentemente *personales* que, aun en el caso de que puedan ser comprendidas por otro en su significado obvio, no tienen sentido alguno para él. El amor es algo de naturaleza tan *personal* e íntima que sólo puede ser entendido por un *tú* amado cuya vida está identificada con la del *yo* amante.

Pero la huida de todo y de todos no quiere decir olvido de todo y de todos. Ambos amantes tienen tan presente el *todo* como que constituye el contenido de la donación amorosa que cada uno de ellos hace al otro: los dos lo entregan todo. Y por lo que hace a *los otros*, también forman parte esencial de la relación de amor divino–humana; en el sentido al menos de que es imposible amar al Amado sin amar al mismo tiempo lo que es amado por Él y sin hacer extensivo el fuego del Amor a todo lo que es susceptible de recibirlo.

# III

$E$s importante darse cuenta de que lo que preocupa al amigo, que lo mueve a suplicar con tanta insistencia e importunidad, no es su propio problema, sino *el de otro*. Como él mismo dice: *Un amigo mío ha llegado de viaje y no tengo qué darle.*

La preocupación por los *otros* prevalece sobre las demás cosas en la oración porque en ella prevalecen siempre los intereses del Amado. Ahora bien, los *otros* son igualmente los intereses del Amado, que también ha dado su vida por ellos y los ha hecho objeto de su amor. Y el amante ama lo que ama el amado, puesto que ambos aman con el mismo amor y con el mismo corazón:

*Mi amado es para mí y yo soy para él.*[1]

La comunidad perfecta de intereses que existe entre los amantes, como exigencia propia del amor, hace imposible que la esposa se

---

[1]Ca 2:16.

prefiera a sí misma sobre los intereses del Amado. Además ella no tiene ya intereses propios, sino solamente los del Amado. Pues, desde el momento en que ya no hay sino un solo corazón y una sola alma, ya no existen tampoco en el amor los intereses del *uno* y los del *otro*, sino solamente intereses comunes. Así sucede ya en el mismo amor humano sobrenaturalizado por la gracia: *Sois un solo cuerpo y un solo espíritu, como una es la esperanza a la que habéis sido llamados, la de vuestra vocación...*[2] *La multitud de los creyentes tenía un solo corazón y una sola alma...*[3] *Para que sean uno, Padre, como nosotros somos uno.*[4] En la íntima relación del amor divino-humano con mayor razón si cabe, ya que el Esposo y la esposa se pertenecen mutuamente en totalidad:

*Mi amado es para mí y yo soy para él.*[5]

*Yo soy para mi amado y mi amado es para mí.*[6]

............

*Yo soy para mi amado,*
*y a mí tienden todos sus anhelos.*[7]

La preocupación por *los otros* pertenece a la esencia de la oración, por más que la oración perfecta suponga el olvido, por parte de

---

[2] Ef 4:4.
[3] Hech 4:32.
[4] Jn 17:22.
[5] Ca 2:16.
[6] Ca 6:3.
[7] Ca 7:11.

la esposa, de todo lo que no sea el Esposo. Pues *los otros*, como ya se ha dicho, son los intereses del Esposo. Y los intereses del Esposo, lo mismo que sus sentimientos (Flp 2:5), son también los de la esposa. Además, si ella ha sido introducida en la abundante riqueza de las cámaras reales:

*Introdúcenos, rey, en tus cámaras,*[8]

y en la sala del festín (Ca 2:4), nada tiene de particular que la esposa quiera que los demás participen de sus riquezas. A pesar de las ansias de soledad, y de olvido de todo, que acompañan en todo momento el íntimo *tú* a *tú* del diálogo divino–humano. El verdadero amor no puede renunciar a la búsqueda de la intimidad y de la soledad. Tal cosa supondría dar de lado a las indispensables condiciones que posibilitan el inefable y secreto diálogo del amor. San Juan de la Cruz lo dijo así de muchas maneras, aunque nunca tan bellamente como en aquella inolvidable estrofa suya:

> *Quedéme y olvidéme,*
> *el rostro recliné sobre el amado;*
> *cesó todo, y dejéme,*
> *dejando mi cuidado*
> *entre las azucenas olvidado.*

Así es y no puede ser de otra manera. Pero aquí se trata del misterio del Amor Perfecto. Y lo que se conoce de él a través de sus formas participadas, siempre imperfectas de tantos modos y maneras, no debe hacer perder de vista la auténtica perspectiva y el otro

---

[8]Ca 1:4.

aspecto de la cuestión: *Entonces el señor dijo al criado: "Sal a los caminos y a los cercados y oblígalos a entrar, para que se llene mi casa de convidados."*[9] ¿Búsqueda de la soledad y olvido de todo o preocupación por los otros? Ciertas aporías se disipan a veces cuando se profundiza en el contenido y significado de los misterios que, por ser limitada e imperfectamente conocidos, han dado lugar a ellas. En el amor perfecto la Esposa ama a los demás porque el Esposo los ama, y así es como el verdadero amor a Dios conduce indefectiblemente al verdadero amor a los hombres. Sin olvidar tampoco que el amor de la esposa a los demás no tiende meramente al cumplimiento de un *mandamiento* —el primero de los mandamientos—, dada la soberana libertad que es propia del amor. Existe desde luego un mandamiento que fundamenta y afianza todavía más ese amor (Jn 13:34). Pero el hecho de aceptar tal precepto *por amor*, que es el único modo como podría ser aceptado, lo convierte en algo absolutamente voluntario y libre.

Pero sobre todo la esposa ama a los demás porque el amor es de por sí difusivo y sin límites. Puede decirse con toda verdad que ella ama a los demás ni más ni menos que porque *ama*. Como decía el Apóstol: *Porque el amor de Dios se ha derramado en nuestros corazones por el Espíritu Santo, que nos ha sido dado.*[10] Pues siendo infinito el Amor, y no pudiendo ser contenido por lo tanto dentro de límite alguno, ni ser susceptible de peso o medida, tiende a *derramarse*, a *verterse* y a *difundirse*, tal como se derramaría el agua de un vaso en el que estuviera entrando de manera incesante. Aunque el amor humano, o el divino–humano, hayan sido sobrenaturalizados por la gracia siguen siendo amor participado. Pero al tratarse del amor, y del verdadero amor, ha de *participar* por lo tanto de las

---

[9]Lc 14:23.

[10]Ro 5:5: *Caritas Dei diffusa est in cordibus nostris...*

condiciones esenciales del amor. Ahora bien, el verdadero Amor, infinito por naturaleza —Dios es Amor— no tiene punto de partida ni punto final; ni existen reglas que lo *encaucen* limitando la soberana libertad de su acción: *El Espíritu sopla donde quiere, y oyes su voz, pero no sabes de dónde viene ni a dónde va.*[11]

La mejor actitud que se puede adoptar, por lo tanto, con respecto al Amor Perfecto es la de oír su voz y disponerse a recibirlo. Oír su voz a fin de escuchar y entender, hasta donde sea posible, sus palabras de amor. Puesto que se trata del Infinito Amor, no le es dado al hombre comprender jamás en profundidad *de dónde viene ni a dónde va.* No solamente en el sentido de que es imposible llegar al fondo de su verdadero origen, ni abarcar los límites hasta donde puede extenderse; sino que tampoco puede el hombre conocer en ningún momento las *salidas* y los *caminos* por los que puede discurrir el amor (Is 55:8). El lenguaje popular lo expresa en forma muy convincente: *por dónde puede salir*, o también *adónde puede ir a parar.* Es indudable que llegar a conocer lo que puede hacer el Amor, como tal Amor, supera en absoluto las capacidades de cualquier creatura.

El amigo inoportuno se apresuró a decir que no se trataba de su problema; quizá para justificar de alguna manera su inoportunidad —*Es que un amigo mío ha llegado de viaje y no tengo qué darle*—. Sin embargo, tan inteligente y justificada exposición de motivos no puede ser tomada aquí como mera excusa ni como simple táctica. Por lo que respecta a la oración existe una cuestión fundamental relacionada con el tema. Cuando le es concedido al hombre practicar una oración más perfecta llega un momento en el que se olvida por completo de sí mismo, incluso en el caso de que pida por sus propios problemas.

---

[11] Jn 3:8.

Cuando San Juan de la Cruz escribió su conocida estrofa *Quedéme y olvidéme...*, es probable que *su cuidado*, que él decía que dejaba, no se refiriera tanto al mundo de las demás cosas, ni al de los intereses del Esposo, cuanto al universo *de sus propias preocupaciones o de su propia persona*. Un universo compuesto de los millares de cuidados, más grandes o más pequeños, más justificados o menos, que con tanta frecuencia ocupan y desasosiegan el corazón del hombre:

> *¡Ah! Cazadnos las raposas,*
> *las raposillas pequeñitas,*
> *que destrozan las viñas,*
> *nuestras viñas en flor.*[12]

Se trata del triste y solitario mundo del propio *yo* que el hombre acaba por descubrir, quizá en la madurez de la vida, como objeto de las excesivas preocupaciones que han conducido a un desenfoque de la realidad y de la propia existencia. El hombre que dedica demasiado tiempo a la contemplación de sí mismo, creyendo que está cumpliendo con la obligación más importante o que está llevando a cabo lo único necesario, acaba al fin descubriendo su error. Hay quien se imagina que está haciendo y viviendo su propia vida hasta que llega el momento en que comprende su equivocación y su fracaso:

> *Me pusieron a guardar viñas,*
> *pero no era mi viña la que guardaba.*[13]

---

[12]Ca 2:15.
[13]Ca 1:6.

La larga historia de la espiritualidad cristiana ha tenido ocasión de comprobar que ciertas expresiones han sido usadas a veces de manera poco afortunada. Es imposible pretender, por ejemplo, que el *olvido de todo* haya de ser entendido como el desinterés por el mundo y por las cosas. Muy al contrario, puesto que nadie ha de interesarse más que el cristiano por el mundo, por los hombres, y aun por la creación entera. Él sabe que el universo ha salido de las manos de Dios —*obra de sus manos*—, que todas las cosas tienen su consistencia en Cristo, y que han sido hechas por Él y para Él. Por eso se ve impulsado el cristiano a amar a todas las cosas. Lo que equivale a decir que, si las ama *con todo su corazón*, ha de interesarse también necesariamente por ellas *con todo su corazón y con toda su alma*. Las cosas fueron creadas por Dios y aprobadas por Él como buenas.[14]

De vez en cuando se dan en la vida de todo hombre momentos felices. De los cuales son los más importantes aquéllos en los que ciertas cosas fundamentales, que antes se creían *por fe*, ahora se creen o se comprenden *por visión*. Es lo que ocurre, por ejemplo, con el esfuerzo por la santificación. Llega un momento en que el hombre se convence de que sólo cuenta la misericordia de Dios y que él por sí mismo no puede hacer nada. Como dijo al morir el *Cura Rural* de Bernanos: *Todo es gracia*. Lo cual es una gran verdad. Y ya que todo

---

[14] *Amarás a Dios con todo tu corazón, con toda tu alma, con toda tu mente, con todas tus fuerzas, y sobre todas las cosas.* Pero se trata solamente de ponerlo todo en su sitio. A Dios ante todo y en primer lugar, y luego a las cosas por Dios. El amor verdadero supone siempre orden y jerarquía. Por eso la espiritualidad franciscana consideraba a las cosas como *las otras criaturas* y las llamaba *hermanas*: El hermano sol, el hermano fuego, las hermanas hormigas y hasta el hermano cuerpo. Una espiritualidad que considera incluso a los seres *inanimados* como hermanos es una espiritualidad que ama realmente a las cosas, y de un modo que no tiene nada que ver con las metáforas literarias. No cabe duda de que tal espiritualidad está arraigada en lo más genuino y profundo del evangelio.

es gracia, y puesto que el hombre no puede valerse por sí mismo ni hacer nada para sí mismo, no vale la pena de que se convierta en el centro y objeto de sus propias preocupaciones. Es mucho mejor, en todo caso, preocuparse por los demás: *Quien encuentre su vida la perderá; pero quien pierda su vida por mí, la encontrará.*[15]

Pero no por eso está nadie autorizado a abandonar el esfuerzo. Sería una insensatez y un grave delito, porque la vida humana está destinada a transcurrir por entero en una lucha dura y titánica: *En la lucha contra el pecado todavía no habéis resistido hasta la sangre.*[16] En realidad contra el pecado y contra todo, pues milicia difícil y agitada es la vida del hombre sobre la tierra.

Claro que el esfuerzo humano, considerado solamente como tal, no supone demasiado: *Muy bien, siervo bueno y fiel; aunque has sido fiel en lo poco, yo te confiaré lo mucho...* Si bien adquiere grandeza y un sentido nuevo cuando es considerado como acto amoroso de respuesta al amor. Por eso se le dice al siervo: *Entra en el gozo de tu Señor.*[17] No se trata de hacer muchas y variadas cosas, sino solamente una, que es la más grande de todas: la donación de la propia vida entregándolo todo. No importa lo poco ni lo mucho, sino *la totalidad de lo que se posee.* El amor —que es reciprocidad y correspondencia perfectas— no obra de otra manera, y menos aún cuando se trata del perfecto amor, cual es el amor divino–humano. Pues no es posible responder a Dios en reciprocidad con la cantidad, sino solamente con la *totalidad.* El abismo infinito que media entre el Creador y la creatura ha de ser salvado para que pueda existir una relación de intimidad entre ambos, lo cual solamente es posible mediante el amor. Por él puede alguien amar *en totalidad* a otro y

---

[15]Mt 10:39.

[16]Heb 12:4.

[17]Mt 25:23.

ser correspondido por ese otro *también en totalidad.* Gracias al amor puede una persona invocar a otra como *tú* y escuchar de ella, a su vez, ese mismo *tú.* Lo cual es verdad de un modo absoluto en el amor divino–humano. En cuanto a la relación de amor entre los hombres, no hay otro mejor nexo de unión, ni más eficaz fuente de diálogo, ni superior manera de acercamiento, ni otra forma de conseguir algo que se pueda llamar seriamente respeto mutuo o reconocimiento de los derechos del otro. Todo lo que no sea eso no es sino retórica barata de juegos de palabras y discursos vanos que no sirven para nada.

Es mejor que el hombre se olvide de sí mismo y dedique sus esfuerzos a preocuparse por los demás. Y es de alabar la astucia del amigo inoportuno cuya petición, sin la agudeza de comenzar advirtiendo que no pretendía remediar su propio problema, habría sido considerada por muchos como descabellada por las circunstancias. Aunque es evidente que el hombre ha de empezar su oración teniéndose en cuenta a sí mismo, ha de considerar lo que se desprende del *Padrenuestro,* en el que ninguna de las peticiones referidas al hombre está expresada de forma individual, sino colectiva: *nuestro* pan de cada día; *nuestras* ofensas que deseamos ver perdonadas, el mal del que *queremos ser liberados...* Un cristiano que haga oración sin tener esto presente acabará en el fracaso: *Si el grano de trigo que cae en la tierra no muere, "se queda solo"; pero si muere, produce mucho fruto.*[18] De donde se deduce que hay que morir, para no quedarse solo; y no hay que quedarse solo, para producir mucho fruto. Pues la soledad conduce a la infecundidad, o al contrario; y el único modo de no quedarse solo es morir a sí mismo. En la parábola del fariseo y del publicano (Lc 18: 9–14), el fariseo pensaba que era mucho más digno que el publicano y gente semejante; mientras que el

---

[18]Jn 12:24.

publicano creía en cambio que él era el verdadero malvado e indigno de tratar con alguien. Quizá el cristiano no vea tanto su propia vida como una cuestión de dignidad cuanto como algo que no importa mucho cuando se piensa en Dios y en los demás. Al fin y al cabo, ¿qué más da? *Nadie es bueno sino sólo Dios*, y nadie en absoluto puede creer que es mejor que los demás. El hombre se salva cuando encauza sus preocupaciones hacia los demás y pone su esperanza en la misericordia y en la bondad de Dios.

# IV

La audacia y la desvergüenza del amigo inoportuno fueron decisivas para la obtención de lo que quería: *En verdad os digo que, aunque no se levante a dárselos por ser su amigo, al menos por su importunidad se levantará y le dará todo lo que necesite. Pues también yo os digo...*

Indudablemente fue la amistad la que determinó el éxito de la petición. Pero no es menos cierto que, sin la audacia y el atrevimiento, la amistad hubiera sido aquí ineficaz y el amigo inoportuno no hubiera conseguido los tres panes. Y como el significado de la parábola se refiere a la oración y, de un modo general, al trato del hombre con Dios, se impone la conclusión de que en estas cosas ha de intervenir la audacia; y hasta la osadía rayana en la desvergüenza.

El atrevimiento y la importunidad se refieren al objeto y al contenido de la oración, y sobre todo a la confianza que se pone en Aquél a quien va dirigida. Debe tenerse en cuenta que una cosa es la osadía orgullosa del fariseo que oraba en el templo (Lc 18: 9–14), y otra muy distinta la confianza desvergonzada y valiente del centurión (Mt 8: 5–13), la del ciego Bartimeo (Mc 10: 46–52), la del leproso (Mt 8: 1–4), la de los que llevaban al paralítico en la camilla (Mc 2: 1–12), la de la pecadora arrepentida que regó con sus lágrimas los pies de Jesús (Lc 7: 36–50), o la de tantos otros que aparecen en el Evangelio.[1]

Por otra parte, esta actitud que bien puede ser llamada de osadía impertinente, de feliz resultado como se ha podido comprobar, parece que solamente es posible cuando el que la practica está enteramente convencido de que Dios es un Ser que ama, porque es infinitamente bueno, y de que es rico y munificente sin límites.

Según eso, si Dios es infinitamente bueno, y ama de la manera que lo hace, ¿cómo no se lo va a dar todo al hombre? *¿Qué padre habrá entre vosotros que si su hijo le pide un pez, en lugar de un pez le dé una serpiente, o si le pide un huevo le dé un escorpión? Pues si vosotros, siendo malos...*

Dios le dará al hombre que ore con esas condiciones *todo lo que necesite*, como dice literalmente la parábola. Pero aquí no se trata solamente de eso, pues las conclusiones van mucho más allá. Es evidente que el amor pondrá cuidado en darle siempre a la persona amada, *todo lo que necesite*, aunque esto por sí solo quizá no diga demasiado. Para que esta afirmación tenga sentido es necesario establecer primero *qué es lo que necesita* la persona amada: ¿cuándo se sentirá satisfecha hasta poder decir que ya tiene *todo lo que necesita*? No es desde luego cuestión de las necesidades materiales, ni de las de ningún otro orden, incluso en el caso de que pudieran ser puntualmente satisfechas todas y cada una. Puesto que el hombre nunca se sacia, jamás piensa que ya tiene *todo lo que necesita*. Por

---

[1]La audacia y el orgullo del fariseo le hacen poner la confianza en sí mismo, y por eso cree que Dios está en deuda con él. En cambio el amor de los otros es la causa de que pongan valientemente su confianza en el Señor. Como se ve, son audacias de sentido contrario: una es la del orgullo y la otra es la del amor. La primera confía absolutamente en sí misma *y no en otro*, porque no ama; mientras que la segunda confía absolutamente *en el otro* y no en sí misma, porque ama.

lo tanto, si un hijo le pide un pez a su padre recibirá un pez, y no una serpiente; y si le pide un huevo recibirá un huevo, y no un escorpión. Lo cual es absolutamente cierto. Pero la enseñanza de la parábola no va por ese lado, y es necesario llegar a su final para descubrir la revelación maravillosa de lo que puede hacer el Amor infinito. No se trata de la disposición del Amor a darle a la persona amada simplemente *lo que necesite*, según una expresión que ya se ha visto que no tiene mucho sentido. Lo que quiere en realidad el amor, o el amante, es *dárselo todo*, que es justamente lo que desea la persona amada. Un todo que solamente posee el Esposo *y que no es otra cosa que el mismo Esposo*:

> *Llévanos tras de ti, corramos.*
> *Introdúcenos, rey, en tus cámaras,*
> *y nos gozaremos y regocijaremos contigo,*
> *y cantaremos tus amores, más suaves que el vino.*
> *Con razón eres amado.*
>
> ............
>
> *Como manzano entre los árboles silvestres*
> *es mi amado entre los mancebos.*
> *A su sombra anhelo sentarme*
> *y su fruto es dulce a mi paladar.*
>
> ............
>
> *Confortadme con pasas,*
> *recreadme con manzanas,*
> *que desfallezco de amor.*
>
> ............
>
> *Corre, amado mío,*
> *corre como la gacela o el cervatillo*
> *sobre los montes de las balsameras.*[2]

---

[2]Ca 1:4; 2:3; 2:5; 8:14.

El amor puramente humano, aquejado de una imperfección que se agrava más todavía por la maldad de los hombres, le da a los que ama *cosas buenas* y en definitiva *lo que necesitan*, aunque entendida esta expresión tal como él mismo la considera, sin más: *Pues si vosotros, siendo malos, sabéis dar cosas buenas a vuestros hijos...* El amor divino sin embargo lo da *todo*, como amor perfecto que es; por eso Jesús acaba la parábola diciendo: *¿Cuánto más vuestro Padre del cielo dará el Espíritu Santo a los que se lo piden?*

Con lo cual se viene a parar a lo que puede ser la clave de la parábola y su enseñanza principal. Las cuales están radicadas en lo más sublime y profundo de la doctrina del amor. Porque si alguien ama *con locura* y sabe que es correspondido de la misma manera por el Infinito Amor,[3] sabe por lo mismo que puede pedir *la luna*,[4] y que la conseguirá.

La oración perfecta es osada, atrevida, inoportuna y absolutamente disparatada en sus pretensiones. Todo lo que se quiera si así se desea y se desea lo más inalcanzable. La esposa sabe que puede esperarlo *todo* del Esposo, y eso es justamente lo que hace. Entiende, por más que sea a su manera, que el deseo que se limita a esperar solamente *lo necesario* no tiene nada que ver con el verdadero amor. *Lo necesario* serían siempre aquí unas cuantas cosas —muchas o

---

[3]Sabe por lo tanto que es amado de modo infinito, puesto que el Amado y su Amor son infinitos, que es lo mismo que decir infinitamente ricos y munificentes. El Amor infinito es por definición infinitamente liberal y dadivoso. Lo cual significa que *puede* darlo todo y que *quiere* darlo todo. Como se sabe, el Amor es Don y no desea otra cosa que darse a Sí mismo. Pero es infinito; y por eso da también el infinito de manera infinita.

[4]Una frase que, puesta en labios del amor puramente humano, no es sino una metáfora y una hipérbole exagerada. En el amor divino, por el contrario la frase sería una perfecta realidad; e incluso una nimiedad, puesto que no lo dice todo: el amor divino da mucho más que la luna.

tal vez pocas—, cuando lo cierto es que la esposa desea *solamente una*. El Señor lo sugirió agudamente en uno de los episodios más inquietantes y profundos del Evangelio: *Marta, Marta, te preocupas e inquietas por muchas cosas, cuando en realidad sólo una es necesaria.*[5] De ahí que pueda decirse, con toda verdad, que la oración perfecta es lo más disparatado, atrevido e inoportuno que puede ser imaginado: porque la verdadera oración *lo quiere todo*; absolutamente todo. Un Todo del que se puede asegurar que para la esposa no es otra cosa que el Esposo, cuyo Amor infinito es lo único que puede satisfacer sus ansias igualmente infinitas: *¿Cuánto más el Padre del cielo dará el Espíritu Santo a los que se lo piden?* Debido a eso, y puesto que es lo único que desea, no es extraño que la esposa se apresure a decir con ansiedad:

> *Béseme con besos de su boca,*
> *porque son tus amores más suaves que el vino.*[6]

El abad Guillermo de Saint–Thierry, gran amigo de San Bernardo y muy entendido en estas cuestiones, glosaba así las palabras de la esposa en su Comentario al *Cantar de los Cantares*: "He visto sobre mí su rostro iluminado, he percibido la alegría de su faz y he sentido cómo se derramaba la gracia de sus labios. ¡Que no haya intermediarios ni se interponga nada! *¡Que él me bese con un beso de su boca!* Pues ya ni soporto ni quiero recibir el aliento de un beso extraño. Todos los otros besos dejan en mí un desagradable sabor, mientras que el del Esposo exhala como algo divino." Como se ve

---

[5] Lc 10: 41–42.
[6] Ca 1:2.

es el Esposo, y nada más que el Esposo, lo que con todo su corazón desea la esposa.[7]

La actitud y las peticiones del amigo inoportuno de la parábola, con ser osadas e indiscretas, están alejadas de la oración perfecta tanto como el amor imperfecto dista del amor perfecto; y lo mismo puede decirse de su liberal, aunque refunfuñante amigo. El amigo inoportuno pedía tres panes a hora poco adecuada; a lo que el otro amigo, con mejor o peor gana, acabó accediendo. Pero la oración enamorada es mucho más osada y exigente, pues se atreve a pedir nada menos que el Amor total, el Espíritu Santo, el Todo de la totalidad..., y lo consigue: *¿Cuánto más el Padre del cielo dará el Espíritu Santo a los que se lo piden?* El amor imperfecto espera poco, y recibe lo poco que espera; mientras que el amor verdadero lo espera todo y recibe consiguientemente también todo. De ahí que diga el Señor: *Pedid y se os dará; buscad y hallaréis; llamad y se os abrirá. Porque todo el que pide, recibe; y el que busca, halla; y al que llama se le abre.* Con lo que se llega a la conclusión de que, si hay algo que se le deba reprochar al impertinente e inoportuno amigo de la parábola, es precisamente... su escasa impertinencia y su poca importunidad.

Es lícito pensar que la exhortación a practicar la osadía y el atrevimiento que, con respecto a la oración, hace el Señor en esta parábola es también una exhortación a amar con perfecto amor. Pues, cuando el amor enamorado busca a la persona amada, es capaz de ser osado, atrevido y hasta impertinente, porque en nada se

---

[7] *Vidi inquit super me faciem ejus illuminatam, concepi vultus ejus lætitiam, sensi diffusam gratiam in labiis ejus. Nemo interveniat, nihil intercurrat, "ipse me osculetur osculo oris sui"; quia jam ultra non sustineo, non suscipio spiritum osculi alieni. Cætera mihi omnia pravum quid olet; Sponsi vero osculum divinum quid redolet.* Guillermo de Saint–Thierry, "*Exposé sur le Cantique des Cantiques*", en *Sources Chrétiennes*, pag. 113.

detiene. Decía Guillermo de Saint–Thierry, refiriéndose a la esposa: "Como la mujer egipcia, que llegó en otro tiempo donde Salomón, el alma pecadora y convertida viene a Cristo. Acogida solemnemente como esposa, con generosa dote, es introducida en las cámaras abarrotadas de tesoros reales. Amamantada allí a los pechos del Esposo, e inundada de ungüentos perfumados, le es revelado el nombre del Esposo y el misterio contenido en el nombre."[8] Dice "amamantada a los pechos del Esposo" porque sigue el texto de la Vulgata, que va a comentar después: *Quia meliora sunt ubera tua vino,*[9] que es justamente lo mismo que venía a decir San Bernardo. E igualmente con ellos toda la Edad Media y una tradición que, abarcando a todos los Santos Padres, se remonta hasta Orígenes y, aún más allá, hasta las mismas fuentes del cristianismo.

Extraña e intrigante parábola la del amigo inoportuno. Empieza hablando de las impertinencias de un hombre apurado y acaba revelando los misterios más recónditos del verdadero amor. He ahí cómo, en el lenguaje sublime del Señor —que sabe utilizar en su en-

---

[8] *Sicut Ægyptia illa venit aliquando ad Salomonem, sic animam peccatricem conversam venisse ad Christum; et in Sponsam solemniter exceptam, liberaliter dotatam, et in cellaria introductam, ubi regiæ divitiæ continebantur, ibique uberibus Sponsi lactatam, et perfusam odore unguentorum, revelatum ei nomen Sponsi, et mysterium nominis* (Guillermo de Saint–Thierry, *obra citada*, p. 114).

[9] Ca 1:2. El texto de la Neovulgata introduce aquí una variante, que es también la que contienen las ediciones críticas modernas: *Nam meliores sunt amores tui vino*. En efecto, la Biblia Cantera-Iglesias dice así: *Cierto, mejor que el vino son tus amores*. Y "La Bible de Jérusalem" transcribe el versículo diciendo que *tus amores son más deliciosos que el vino* (edición de *La Bible de Jérusalem*, Cerf, París, 1973; el texto dice exactamente que *tes amours sont plus délicieuses que le vin*). Las versiones inglesas de "La Bible de Jérusalem" hablan de que *for your love–making is sweeter than wine* (*The New Jerusalem Bible*, Doubleday, Nueva York, 1985), donde *love–making* puede significar igualmente el galanteo amoroso o las relaciones sexuales. En cualquier caso está claro que se trata de caricias o relaciones de amor, en el sentido más estricto, entre personas que se aman.

señanza las pequeñas y las grandes vicisitudes del corazón humano así como los hechos triviales de la vida cotidiana—, la *inoportunidad* y la *impertinencia* se convierten en algo capaz de conducir al descubrimiento de lo único *pertinente*: el verdadero Amor, con el increíble misterio de que ese Amor está deseoso de entregarse a los hombres y ser correspondido por ellos.

# V

La parábola del amigo inoportuno, cuando se lee atentamente, produce un sabor nostálgico de cosas y tiempos pasados. La parábola habla del amor perfecto; de la oración enamorada que, por ser tal, es osada y atrevida; de la amistad exigente que todo lo pide porque todo lo da... En definitiva, del increíble misterio del Amor que Dios ha ofrecido a los hombres; o si se quiere, de las verdades inefables del Evangelio. Inefables porque son *sobrenaturales*, que es lo mismo que decir inaccesibles a lo que el hombre hubiera podido esperar o alcanzar.

Lo contenido en ella, como todo lo contenido en el Evangelio, es eminentemente *sobrenatural*. Con lo cual se está queriendo decir que aquí se está lejos de cualesquiera éticas puramente naturales, seguramente buenas, pero enteramente superadas y transcendidas por la ética evangélica. La cual, que apunta justa y derechamente a lo más profundo del corazón del hombre y del corazón de Dios, no aborda ya como objetivos principales de su exposición temas tales como el de los derechos humanos, la justicia social, la convivencia pacífica, la democracia, o la ecología. La ética evangélica no pone

cuidado alguno en hablar solamente de lo que el hombre moderno
está dispuesto a aceptar, haciendo tabla rasa del contenido sobrenatural de la Revelación. Es sabido que el cristianismo moderno
prefiere presentarse ante el mundo blasonando de que bebe sobre
todo en las fuentes de las éticas meramente naturales, siquiera sean
tan venerables como la de Aristóteles. Por supuesto que a nadie se
le va a ocurrir que Jesucristo tuviera nada en contra de la justicia
en cualquiera de sus diversas clases: legal, conmutativa, distributiva,
o incluso social, a pesar de que ésta última parezca haber obteni-
do carta de ciudadanía en tiempos posteriores. Algo absolutamente
inobjetable, ante lo que ni siquiera vale decir que Jesucristo se ne-
gó a tomar sobre sí el oficio de impartir justicia, tal como cuentan
los sinópticos: *Uno de la muchedumbre le dijo: "Maestro, di a mi*
*hermano que reparta la herencia conmigo." Pero Él le respondió:*
*"Hombre, ¿Quién me ha hecho juez y repartidor entre vosotros?"*[1]
Cualquier exegeta explicaría que aquí se trata simplemente de no
querer distraerse de la principal tarea de la salvación. Nada menos que San Ambrosio, por ejemplo, decía a este propósito que *el*
*que había descendido por razones divinas, con toda razón rechaza las*
*terrenas.*[2] Claro que San Ambrosio queda ya demasiado lejos, y además estaba del todo ajeno a la enorme complejidad de la Doctrina
Social moderna, que tiene tantas cosas por decir y tantas ya dichas,
ninguna de las cuales se le hubieran ocurrido jamás al santo. Son las
indudables ventajas del progreso producido en el conocimiento de la
Revelación, al que tanto han contribuido también las aportaciones
de los expertos en ciencias sociales.

Pese a todo, en los obscuros y menos afortunados siglos en los
que no había progreso, se pensaba simplemente que la revelación

---

[1]Lc 12: 13–14.

[2]San Ambrosio, *Expositio Evangelii secundum Lucam*, n. 122.

neotestamentaria había profundizado hasta la misma raíz de las cosas y lo más hondo del corazón humano; superando, transcendiendo, y haciendo posible por fin todo lo que contenían de bueno las éticas naturalistas preevangélicas. Algo parecido a lo que le sucedió a San Pablo en las luchas que mantuvo con los que pensaban que todavía estaba vigente la Ley Antigua. Para el Apóstol la Ley había sido relativamente buena —en realidad más necesaria que buena—, hasta que llegó la plenitud de la Revelación y hubo que abandonarla, lo mismo que un pupilo abandona a su ayo o a su tutor cuando llega a la mayoría de edad. Todavía hay algunos que piensan que San Pablo tenía razón. Pero, por lo que hace al caso que aquí se comenta, nadie va a poner en duda la diferencia de situaciones, y menos aún, como ya se ha dicho, el progreso producido en veinte siglos de historia y que ha incidido necesariamente en el conocimiento más acabado de la Revelación. Es posible que algún extremista convencido aún se atreva a decir que no existe tal diferencia de situaciones: aquello no era otra cosa que una contienda doctrinal entre creyentes que veían las cosas de diferente manera; mientras que esto es una crisis de fe que ha conducido a un *arrodillamiento ante el mundo*, según la frase del ya olvidado Maritain. Siempre hay alguien decidido a pensar de manera insólita. Afortunadamente el mundo de hoy no está por escuchar a extremistas de ninguna clase, y menos aún a los convencidos, que son los que más se oponen al moderno descubrimiento filosófico de que es mejor no estar convencidos de nada.

Los cambios profundos introducidos por los tiempos modernos han hecho posible la aparición de cosas que, en otras épocas, hubieran sido sencillamente impensables. A modo de ejemplo se pueden citar algunas: eclesiásticos metidos a políticos y Cartas Pastorales colectivas sobre cuestiones de política, discusiones en la Jerarquía sobre la licitud o no de los instrumentos anticonceptivos para evi-

tar los contagios,[3] abundantes discursos de Pastores acerca de los
derechos humanos, y una lluvia de documentos eclesiásticos que de-
claran *oficialmente* que no es un castigo divino la enfermedad del
sida.[4] Algunos dirán que es una evidente exageración poner juntas
a cosas tales como las Pastorales políticas y la enfermedad del sida.
Puede que así sea, y hasta es muy probable que tengan razón. Claro
que también se podría objetar, a su vez, que las enfermedades cor-
porales se contabilizan en las clínicas y los hospitales, mientras que
el daño que se hace a las almas no se controla con estadísticas y solamente es conocido por Dios. En cuanto a las cuestiones puramente
políticas en la Iglesia no hay cuidado, pues aquí no se está hablando
demasiado en serio, como cualquiera puede ver. No hay que ser experto en Historia para saber, por ejemplo, que ya el Papa San León
Magno salió a las puertas de Roma a entrevistarse con Atila y que
lo hizo, además, con verdadero éxito. Y no vale decir que allí no se
trataba de política, sino de pura subsistencia y de poner en práctica
las exigencias del instinto de conservación; pues, aunque es cierto
que había muchas vidas que salvar, y entre ellas la del mismo Papa,

---

[3]Un *caso* de Moral para cuya solución ya no se puede contar, por desgracia, con
el ahora tan vilipendiado San Alfonso María de Ligorio.

[4]Algunos se han atrevido a decir que la pretensión de conocer, y más todavía
cuando media una declaración *oficial*, que algo procede o no procede del designio
divino de castigar es imposible sin algún tipo de revelación, aunque sea privada.
Pero la Revelación pública y oficial está definitivamente cerrada; y, en cuanto a
las revelaciones privadas, sería una tarea abusiva e inútil pretender imponerlas a
los demás. Según estos tales, lo más que se puede hacer aquí es formular hipótesis
y tratar de juzgar por los efectos y los resultados. Pero en tal caso, continúan
diciendo, la única hipótesis segura a descartar aquí es la de que esta enfermedad
sea una bendición de Dios.

Claro que los que tales cosas dicen desconocen desgraciadamente los hallazgos
de las modernas *teologías de la bondad*: Dios es bueno, todo el mundo es bueno, el
infierno es solamente una posibilidad real, y cualquiera es cristiano aunque no lo
sepa (e incluso aunque no quiera saberlo), etc.

no deja de ser un honroso precedente. La Iglesia es como la Verdad para San Agustín: siempre antigua y siempre nueva. Y tal como le sucedió al santo con la Verdad, también ahora hay que lamentarse de que los cristianos hayan tardado tanto en hacerse cargo de los problemas de su propia Iglesia; y lo que es peor todavía: en conocer la afortunadamente ingente cantidad de doctrina a la mano para resolver todos y cada uno de los problemas sociales.

De todos modos, y a pesar de tantos progresos, es posible que llegue el momento en que haya que volver a leer atentamente la parábola del amigo inoportuno. Incluso, una vez puestos, el Nuevo Testamento completo. Quizá se consiga de esa manera que se vuelva a hablar de la oración, del amor a la cruz, de la pobreza evangélica, de la alegría perfecta de las bienaventuranzas, del amor a los demás... y del amor a Dios. En definitiva se puede estar seguro de que la Iglesia —que siempre ha salido adelante, animada por el Espíritu Santo— seguirá diciéndole al mundo lo que tiene que decirle, sin preocuparse demasiado de si es o no de su agrado y liberada, por fin, de la preocupación por lo que digan de ella los poderosos medios de difusión con los que cuenta el Sistema.

Una vez más y como siempre, serán los pequeños, los humildes, los que sufren, y los de corazón limpio, los que salvarán a la Iglesia. No los eclesiásticos de carrera, ni los Pastores metidos a políticos, ni los pastoralistas expertos. No la van a sacar adelante las tareas de mediación política o de fomento del pacifismo, ni los esfuerzos desesperados de los que intentan a toda costa *ponerla al día*. En último término, solamente la oración y la santidad serán las que eviten el naufragio de la barca de Pedro.

¿Y quién sabe...? Aunque parezca un enorme disparate, quizá los Pastores adelantarían camino si, en lugar de insistir tanto en la defensa de los derechos humanos y de la democracia, centraran sus esfuerzos en explicarle al pueblo cristiano la parábola del amigo inoportuno. Claro que el cristiano tendrá que luchar siempre por los auténticos valores, incluidos por lo tanto los derechos humanos. Y siempre será agradable releer las éticas aristotélicas. Aunque no lo sería menos llegar a saber si Tomás Moro creía realmente en la posibilidad de su *Utopía* o Platón en la de su *República*.[5] Ahora queda en el aire la pregunta acerca de los valores de la ética naturalista: si podrán hacerse realidad en un mundo que ha desplazado los valores de la ética sobrenatural cristiana. Hasta ahora la experiencia atestigua lo contrario. Sin embargo las modernas filosofías idealistas (sobre todo el marxismo) miran hacia un futuro en el que el hombre va a conseguir desalienarse, a fin de ser *por sí mismo* lo que es y *nada más que lo que es*. ¿Que ese mañana no se ve por ninguna parte y que incluso cada vez parece más lejano? Tal vez. Es interesante observar, sin embargo, que son las filosofías que pretenden ser *realistas*, y enemigas acérrimas de todos los *idealismos*, las que prefieren vivir en el *mañana* en vez de hacerlo en el *hoy*. Como para tomar nota.

Pero la locura del paganismo parece cordura cuando se considera el abismo en el que han caído hoy tantos cristianos. Han renegado de todo vestigio de vida sobrenatural para volverse al mundo, y han hecho realidad la terrible sentencia de San Pedro: *Los que después de haber huido de las inmundicias del mundo por el conocimiento de Nuestro Señor y Salvador Jesucristo, vuelven a enredarse en ellas*

---

[5]El problema del significado de *Utopía* en la mente de Tomás Moro, autor cristiano y santo reconocido por la Iglesia, es una curiosidad histórica. Quizá la clave se encuentre en el origen y significado de la misma palabra *utopos*: en ningún lugar, o en ninguna parte. Al asignarle Tomás Moro tal título a su obra, posiblemente quiso dar a entender que la famosa isla y sus habitantes, no solamente no han existido en parte alguna fuera de su imaginación, sino que ni siquiera hubiera podido ser de otro modo.

*y son vencidos, se hace su situación postrera peor que la primera.*
*Más les valía no haber conocido el camino de la justicia que, una*
*vez conocido, apartarse del santo precepto que les fue transmitido.*
*Les ha sucedido lo de aquel acertado proverbio: "El perro se volvió a*
*su vómito y la cerda lavada a revolcarse en el cieno."*[6]

Pero volvamos de nuevo a nuestro amigo inoportuno y pongamos
punto final a nuestras reflexiones. Es curioso observar que, según la
parábola, el amigo que llegó a altas horas de la noche y necesitaba
cenar *iba de viaje*, que es lo mismo que decir que estaba de paso. Lo
cual es otro de los encantadores detalles de la parábola que hacen
respirar con agrado y alivio. Pues los que van discurriendo por el
azaroso sendero de la vida necesitan de la compañía y de la ayuda de
los amigos, que son también sus hermanos. Es reconfortante saber
que, a lo largo de todo ese camino, bien en los altos y paradas que se
hayan de hacer en medio de la noche, o bien en cualquier momento
del día, se puede contar siempre con la ayuda del *amigo* que hace
el mismo viaje. Hasta encontrarse todos por fin con el Señor para
disfrutar del gran banquete del Reino:

> *Si vas hacia el otero,*
> *deja que te acompañe, peregrino,*
> *a ver si el que yo quiero*
> *nos da a beber su vino*
> *en acabando juntos el camino.*

---

[6] 2 Pe 2: 20–22.

# EL AMOR
# A LA VERDAD

Vendrá un tiempo en que los hombres no soportarán la doctrina sana, sino que, dejándose llevar de sus caprichos, reunirán en torno a sí maestros que halaguen sus oídos, y se apartarán de la verdad, volviéndose a las fábulas.

(2 Tim 4: 3–4)

# I

Lo que voy a decir aquí no pretende ser una crítica malhumorada contra la Iglesia. No tiene sentido criticar a una madre, y menos aún a una madre a la que se ama. Y yo amo a la Iglesia. En ella he nacido y crecido en la fe, en ella he conocido a Dios, y en ella he encontrado la felicidad y el sentido de mi vida. Por otra parte, puesto que pertenezco a la Iglesia, sus glorias o desgracias son también mías. Teniendo en cuenta además que le he consagrado mi vida entera, es evidente que he de contar en esto con la parte que me corresponde, tanto en lo bueno como en lo malo. Por otra parte yo no soy teólogo, ni filósofo, ni historiador, ni escritor; lo cual quiere decir que mis denuncias, en el caso de que pudieran enfrentarse a las brillantes doctrinas de los teólogos de moda, no podrían pretender hacer mella alguna.

Solamente pretendo manifestar mi dolor ante ciertas cosas que están sucediendo en la Iglesia. Debido quizá a que no las comprendo son causa para mí de gran sufrimiento, por lo que no quisiera acabar mi vida sin dejar constancia de mis sentimientos. Además creo que no son sentimientos míos solamente, sino que son compartidos también por muchos cristianos. Yo los llamaría *cristianos anónimos*, aunque en un sentido muy diferente del que lo hace la teología de moda; simplemente por el hecho de que no es probable que sus quejas, como tampoco las mías, vayan a ser oídas por nadie. Claro que el que llora con verdadero dolor tampoco se preocupa de comprobar si lo escuchan: simplemente llora.

Los sentimientos de pena expresados aquí no pretenden ser una relación de los males que sufre en este momento la Iglesia. Aparte de que una lista de todos ellos sería demasiado larga, y probablemente inútil, mi falta de preparación no me permite emprender esa tarea. Me limitaré por lo tanto a decir lo que pienso sobre algunos de ellos, sin otra intención que la de aportar mi testimonio personal de fe. Y sin pretender convencer a nadie porque sería seguramente una tarea vana. Los verdaderos cristianos anónimos aludidos antes ya están de acuerdo conmigo y no necesitan ser convencidos. En cuanto a los otros no voy a ser yo quien les haga cambiar de opinión. Por lo tanto se trata de una mera *protestación de fe* que hago ante Dios, ante mi conciencia, y ante los hombres de buena voluntad que tal vez puedan sentirse identificados con mi manera de pensar.

Advierto de antemano que estoy enteramente de acuerdo con la Iglesia. Con lo cual quiero decir que, a pesar de que mis sentimientos son sinceros, estoy dispuesto a tenerlos por inexistentes si la Iglesia piensa que me equivoco. Me refiero aquí, por supuesto, a la Iglesia, o a la que como tal es infalible y tiene el derecho y el deber de gobernar y enseñar; no a determinados eclesiásticos y teólogos cuya conocida ideología, y descarada actitud en favor del Sistema, me hacen pensar que no van a compartir mis opiniones. Por lo demás me llena de ilusión pensar que la verdadera Iglesia estará de acuerdo con lo que aquí digo..., o al menos con casi todo. Al fin y al cabo Ella misma es la primera que es consciente de la necesidad que tiene de permanente conversión, según ha reconocido siempre la antigua y reconocida doctrina de la *Ecclesia semper reformanda*.

# II

Según cuenta el evangelio de San Juan, cuando Jesús vio llegar a Natanael, que venía a conocerle, dijo de él dirigiéndose a los demás: *Ahí tenéis a un israelita de verdad en el que no hay engaño.*[1] Con lo que el Señor parece considerar la verdad más bien como una *cosa tangible* que como una mera *cualidad moral.* No se limita a decir que Natanael es un israelita sincero (todo lo contrario de un mentiroso), sino que va más allá: He aquí un israelita en el que no *hay* engaño alguno; en el que *está* la verdad.

Y en efecto, parece que para el Nuevo Testamento la verdad goza de una entidad superior a la que tendría una mera cualidad moral. El Señor decía de sí mismo: *Yo soy la Verdad.*[2] Y la revelación neotestamentaria emplea como expresión normal la de *hacer la verdad.*[3] Asimismo hablaba el Señor de la *verdad completa,*[4] a la cual nos conduciría como de la mano el Abogado que Él habría de

---

[1] Jn 1:47.

[2] Jn 14:6.

[3] Jn 3:21; Ef 4:15; 1 Jn 1:6.

[4] Jn 16:13.

enviar de parte del Padre. Un Abogado que no es otro que el Espíritu Santo, al cual llamaba también el Señor *Espíritu de Verdad*.[5] De donde se deduce que para el Nuevo Testamento, más bien que una cualidad, la verdad es una cosa —*res*— que incluso tiene carácter de persona, de la que por lo tanto hasta se puede dar testimonio (Jn 5:33; 18:37). Lo que nos lleva a la conclusión de que, para el Nuevo Testamento, más aún que en decir la verdad la cuestión se centra en hacer la verdad y en estar en la verdad: verdad ontológica, y no meramente lógica o moral.[6]

Cuando la verdad es considerada de este modo, como don que nos alcanzó Jesucristo, se descubre en seguida la necesidad de que vaya acompañada de un nuevo elemento: la libertad del hombre, que es la condición que requieren los dones de Dios para ser recibidos. Pues los regalos amorosos —como todo lo que procede del Amor— han de ser recibidos en la condición de absoluta libertad propia del amor. El respeto amoroso de Dios a la libertad del hombre se traduce en que los regalos divinos solamente son posibles cuando son libremente aceptados.[7] Por eso solamente le es otorgada al hombre la Verdad cuando sinceramente la busca y la desea.

Y esto no es todo. Porque como la verdad se identifica con Dios, que es Verdad infinita, ha de ser particularmente amada; de tal manera que abrirse a ella no es abrirse simplemente a un don del amor, sino al Amor mismo. Pues la verdad no es algo que simplemente se acepta y se recibe por amor, sino que es más bien la apertura y do-

---

[5]Jn 16:13.

[6]Es clásica la división del concepto de verdad en verdad ontológica, lógica y ética o moral. La verdad ontológica es una propiedad del ente, o transcendental: *Ens et verum convertuntur*.

[7]Propiamente hablando, más que de un respeto absoluto a la libertad del hombre se trata aquí de las exigencias mismas del amor. Los regalos de amor solamente tienen sentido en la condición de reciprocidad del amor.

nación al Amor mismo. No es meramente cuestión de una decisión moral por la cual se acepta o no se acepta, se hace o no se hace, sino que en realidad *solamente se puede hacer en el amor* (Ef 4:15); y de ahí que solamente se puede vivir en ella cuando es amada. Por eso, cuando la verdad no es amada —no simplemente hecha o no hecha, sino *amada*—, se cae en seguida en la mentira y en la perdición (2 Te 2:10).

Volverse de espaldas a la verdad no es otra cosa, por lo tanto, que volverse de espaldas a Dios, y viceversa. Eso explica el hecho de que cuando los hombres rechazan a Dios ya no reconocen *la verdad*, sino solamente *su verdad*, que es la que cada uno de ellos se fabrica para sí mismo. Realmente, si no hay más Dios que el hombre, es lógico que cada uno pueda fabricarse su propia verdad. Con lo cual se llega al subjetivismo moral de hoy, según el cual solamente es verdad aquello que cada uno decide por sí mismo. Dando un paso más, puesto que el pensamiento humano no puede escapar a las leyes de la pura lógica, se llega a una conclusión angustiosa: la de que ni siquiera eso puede ser una verdad para todos, *sino solamente para aquél que así lo decida.* Que es lo mismo que decir que no existe la verdad como tal y que nadie puede pretender poseerla; un callejón sin salida al que ha ido a parar nuestro mundo.

Ahora bien, si solamente se puede hacer la verdad y estar en ella por amor, cualquier rechazo de la verdad es un desamor. Si la Verdad es Dios, y Dios es Amor, el rechazo de la Verdad es una repulsa al Amor. De tal manera que, se diga lo que se quiera, el desprecio de la verdad no es tanto un problema del entendimiento cuanto una opción de la voluntad. La verdad no se rechaza porque no se ve, sino porque no se desea. Y la llamada opción intelectual no es otra cosa que un camino seguido por el entendimiento, pero en cuanto elegido y determinado por la voluntad.[8] Con lo cual llegamos a la conclusión de que la opción por la mentira no es nunca una acción indiferente, sino una elección voluntaria del desamor, e incluso del odio. Es imposible rechazar el Amor desde una actitud neutral, y por eso hay que descartar el desprecio de la verdad como una mera posición intelectual: *La luz vino al mundo, pero los hombres amaron más las tinieblas que la luz, porque sus obras eran malas. Porque el que obra mal aborrece la luz, y no viene a la luz, para que no se reprueben sus obras. En cambio, quien obra la verdad viene a la luz.*[9] De ahí que el demonio (padre de la mentira y de todos los mentirosos) es para el Señor un homicida *desde el principio;*[10] con lo cual queda equiparada la mentira con el odio hasta el homicidio.[11]

---

[8]Y que a menudo tiene más de *opción* que de *intelectual*. Sin pretender meternos en problemas filosóficos que no son de este lugar, es indudable que el entendimiento se encuentra ante dos caminos —el de la verdad y el del error— que no son definitivamente determinantes ni coercitivos. Desde luego no lo es el de la verdad, cuya aceptación, como hemos dicho, es cuestión de amor. Por eso todas las pruebas de todas las apologéticas resultan insuficientes si no existe la apertura amorosa y humilde a la fe. Siguiendo a San Agustín en este punto, soy más partidario del *Crede ut intelligas* (con las necesarias matizaciones) que del *Intellige ut credas*. Y no es que le falte evidencia a la verdad para imponerse a la razón (no hago cuestión aquí de la demostrabilidad de la existencia de Dios por la razón, ni de la posibilidad de la religión natural, ni de los motivos de credibilidad de la fe, que son verdades de las que no se puede dudar), sino que la soberbia del corazón humano es capaz de rechazar todas las evidencias (Ro 1: 19–22).

[9]Jn 3: 19–21.

[10]Jn 8:44.

[11]Aquí se ve claramente que la mentira es consecuencia del desamor. Porque, así como el amante no teme afrontar su propia muerte para demostrar su amor (Jn 15:13), de igual manera el desamor, aunque en sentido contrario, no vacila en llegar hasta la muerte del otro. De ahí que la mentira, o el rechazo de Dios, es un homicidio; y así es como el Señor la califica claramente.

No es extraño por lo tanto que el hombre se haga mentiroso en cuanto se vuelve de espaldas a Dios. Y, puesto que el mundo se ha alejado de Dios ahora más que nunca, vive también más que nunca de la mentira y en la mentira. Jamás ha sido el hombre tan engañado y tan seducido como ahora. Si bien hay que decir que algo que contribuye mucho a tal engaño es su aceptación por parte de los que lo soportan. Las técnicas de manipulación de masas han logrado tal grado de perfección que es casi imposible no dejarse influenciar por ellas. La gente sospecha más o menos su existencia, o simplemente no quiere pensar en ellas; pero las acepta de todos modos para acabar pensando siempre conforme quiere el Sistema. O más bien habría que decir para acabar no pensando nada, porque el Sistema se encarga de dar orientaciones sobre todo después de tratar de impedir que alguien piense por su cuenta. La televisión y la radio, bien controladas por el Sistema al igual que la prensa, funcionan veinticuatro horas al día. La enseñanza está planificada desde la escuela para que el niño no aprenda nunca a investigar ni a estudiar por su cuenta; como puede comprobarse, por ejemplo, en el hecho de que el estudio y los "deberes" en el hogar hayan sido prohibidos, por no hablar de los libros manipulados y de la literatura "seleccionada" que se les proporciona a los niños.[12] Todo lo cual no es nada comparado con el enorme tinglado de mentiras creado por el *terrorismo del lenguaje*, o técnica moderna de manipulación del idioma gracias a la cual se pueden calificar o descalificar automáticamente personas y conceptos, sin necesidad de aportar ninguna clase de pruebas ni de explicaciones. La lógica de los conceptos queda sustituida por el fantasma del miedo de las palabras, sabiamente esgrimido por los

---

[12]Que es la única que se les permite conocer. Su campo en España queda circunscrito a la ideología de izquierdas y al sexo; de tal manera que, para los Ministerios de Educación socialistas, no existen escritores o poetas que no se ajusten a esos parámetros.

modernos terroristas a fin de que produzca contundentes efectos en unas masas que ya están acostumbradas a no pensar. Así como llega un momento, en la vida de infancia, en el que el niño deja de tener miedo a ciertas cosas después de descubrir que son palabras vacías que nada significan, como las brujas o los duendes..., jamás ocurre lo mismo con el hombre masa, el cual nunca se da cuenta de que lo están asustando con palabras que no son sino fantasmas.[13]

Dentro del catolicismo son muchos los que se han dejado arrastrar por la mentira, eclesiásticos incluidos. La lista sería larga. Seglares catequistas, sacerdotes y religiosos, teólogos, Facultades y Universidades de Teología, obispos y hasta cardenales, enseñan doctrinas que con frecuencia se apartan del dogma o de la moral proclamados de siempre por la Iglesia. Es un hecho que el catolicismo actual produce la impresión de que ha cambiado la doctrina o al menos

---

[13]Y así por ejemplo, por poner alguno, es curioso lo que ocurre con la palabra *conservador*. Aplicada en el ámbito político, y más aún en el religioso o en el eclesiástico, es suficiente para descalificar sin más a una persona. No importa que nadie sepa lo que significa exactamente esa palabra, ni que nadie se preocupe al usarla de precisar sus múltiples significados y aplicaciones. Esta técnica puede prescindir de todo eso lo mismo que puede prescindir de la necesidad de aportar pruebas; pero es terriblemente eficaz. Acatada sin discusión por todo el mundo posee además la virtud de asustar a sus víctimas. Si San Vicente de Lerins intentara volver hoy, con su *Conmonitorio* y su famoso *nihil innovetur nisi quod traditum est*, sería imperdonablemente rechazado.

Algo parecido ocurre con los términos de *progresista* y *reaccionario*, o con los de *ultraderecha* y su equivalente *extrema derecha*. A propósito de estos últimos, parece que, para el Sistema, toda derecha es casi siempre e indefectiblemente ultraderecha, mientras que apenas habla del término contrario *ultraizquierda*. Quizá porque se da por supuesto que los extremismos pertenecen siempre a la derecha, considerada como extremista por naturaleza y de cualquier forma que se presente. En cuanto a la llamada posición de *centro derecha*, que parece ser una excepción a lo dicho, al menos en España lo que contiene en realidad es bastante de izquierda, poco de centro, y prácticamente nada de derecha; y quizá por eso se tolera.

la enseñanza de la doctrina. Pero la Iglesia no puede engañarse ni engañar; luego el problema consiste ahora en explicar la consistencia de tal infalibilidad, que no puede ser negada.[14] Son demasiados los fieles que, habiendo recibido y vivido una fe católica que ellos consideraban como la única verdadera, sufren ahora ante el hecho evidente de que se enseñan y se practican cosas distintas; muchos de ellos han sucumbido en su fe o han dejado de practicar, incapaces de superar los acontecimientos. El dogma, la moral y la liturgia están siendo sacudidos por un terremoto ideológico y una anarquía generalizada. Mientras tanto la Iglesia oficial apenas si ha tenido tiempo de oponer un dique a la corriente de las aguas, ocupada como está en salvaguardar los derechos humanos, en arbitrar para lograr la paz entre las naciones, en procurar la unidad de Europa, en reivindicar las exigencias de las minorías étnicas, o en hacerse portavoz de las preocupaciones ecológicas. Ahora más que nunca necesitamos orar los católicos para que Dios nos conceda un gran amor a la verdad y un sentido profundo de la fe. Teniendo presente que la fe en la Iglesia es también uno de los artículos del Credo. Como alguien dijo con ironía: algunos misterios de la salvación, como el de la Trinidad, han de ser objeto de fe absolutamente *porque no se ven*; mientras que otros, como el de la Iglesia, han de serlo del mismo modo *porque se ven demasiado*.

Quizá el fondo del problema está en el hecho de que el mundo moderno ha prescindido de la Filosofía del realismo o del sentido

---

[14]Estas afirmaciones son ciertas. Por lo demás, parece que la Historia se repite. Ya San Jerónimo, a propósito del arrianismo, se lamentaba y decía que *el orbe entero gimió y se quedó sorprendido al contemplarse arriano*. Y el mismo San Vicente de Lerins lo confirmaba: *Eso sucedió cuando el veneno de la herejía arriana contaminó, no ya una pequeña región, sino el mundo entero, hasta el punto de que casi todos los obispos latinos cedieron ante la herejía; algunos obligados con violencia, y otros sacerdotes reducidos y engañados.*

común. El hombre ya no está dispuesto a reconocer su dependencia con respecto a la *realidad* de las cosas, por lo mismo que tampoco está dispuesto a reconocer su condición de creatura con respecto a un Dios transcendente. Es lo que hay en la base del planteamiento de la filosofía idealista y de las que se derivan de ella. No debe olvidarse que el demonio, *padre de la mentira y homicida desde el principio*, tampoco quiso reconocer su condición de creatura y pretendió ser como Dios. En eso justamente consistió la Gran Mentira; todas las demás proceden de ella, lo mismo que el actual tinglado de manipulaciones que distorsiona la realidad.

Una de esas manipulaciones, y de las más importantes, es la del lenguaje, como he dicho antes. Se utiliza para minar la fe, empleando doctrinas procedentes de todas partes y usando un lenguaje especial, aparentemente inocuo y hasta bueno. Es sabido que la mentira nunca ha dudado en disfrazarse de verdad, y hasta parece que lo exige así su propia naturaleza. Se ha dicho que uno de los disfraces favoritos del demonio es el de ángel de luz. Así es como la mentira, con su apariencia de verdad y de bondad, se introduce fácilmente en el corazón de los que se dejan engañar. Y digo de los que se dejan engañar porque —vuelvo a repetirlo— nunca dejan de tener alguna culpa los engañados. Dios no permite que alguien caiga en el error si no existe de por medio una cierta aceptación de la mentira: *La venida del impío, por la acción de Satanás, vendrá con toda clase de poderes, señales y prodigios falsos, y con todo género de seducciones, propias de la maldad, para aquellos que se pierden, por no haberse abierto al amor de la verdad para salvarse. Por eso Dios les envía un poder seductor, para que crean en la mentira, de modo que sean juzgados todos los que no creyeron en la verdad y prefirieron la iniquidad.*[15]

---

[15]2 Te 2: 9–12.

El Señor ya nos avisó que existen falsos profetas, muy bien disfrazados con piel de oveja, que no son en realidad sino lobos rapaces (Mt 7:15). Es evidente que la mentira suele adoptar formas de aparente bondad que a veces llegan a ser deslumbrantes. Lo vemos, por ejemplo, en el lenguaje brillante —aunque esotérico, ininteligible y ampuloso— de Rahner, cuyos escritos vacían el contenido de la revelación para sustituirlo por un aluvión de doctrinas historicistas, idealistas y racionalistas, que ha destruido la fe de innumerables cristianos.[16] Es de admirar la facilidad con que se ha olvidado la consigna de San Pablo a los colosenses: *Mirad que nadie os atrape por medio de vanas filosofías y falacias, según la tradición de los hombres, conforme a los elementos del mundo y no según Cristo.*[17] Tampoco tiene inconveniente la mentira en utilizar el lenguaje bíblico ni el específico del mensaje cristiano. En cuanto al empleo del Evangelio para difundir el marxismo, es hoy algo tan corriente que ha llegado a no producir extrañeza. Lo que parece normal si se tiene en cuenta que la ideología marxista está subyacente en muchos textos y tratados de teología, en demasiadas catequesis, y hasta en el lenguaje de documentos oficiales redactados por alguna que otra Curia. Es una lástima que el mundillo de los católicos *progres* no advierta que el marxismo es una ideología antinatural y reaccionaria, condenada como tal a perecer más o menos pronto. Como siempre,

---

[16]A mi entender, Rahner utiliza muy bien una técnica que, con todo, es bastante vieja. Mejor que hablar claramente se insinúa, y en vez de negar en redondo prefiere problematizar las cuestiones, dejándolas en el aire; por lo demás, lo que niega más o menos claramente sobre el dogma en un lugar lo afirma en otro. Y luego lo de siempre: al dejar que los demás saquen las consecuencias, evita, por un lado, el peligro de un posible rechazo oficial de su doctrina, mientras que, por otro, atrae a los que se encuentran más a gusto con las veleidades especulativas de las filosofías modernas, y con las componendas con el mundo, que con las verdades de la fe.

[17]Col 2:8.

una vez más queda patente que la pérdida de la fe conduce a la ceguera intelectual y a la imbecilidad.

Esta situación me recuerda lo que dice el capítulo 13 del Apocalipsis. En los últimos tiempos la Bestia señalará en la frente a los hombres con su número, y serán muy pocos los que quedarán sin ser marcados y sin arrodillarse para adorarla. Sea lo que fuere con respecto al momento del final de la Historia, es evidente que los cristianos necesitamos con urgencia acudir al auténtico Magisterio de la Iglesia y a lo más genuino de la doctrina de Santo Tomás de Aquino. Por lo que hace al tomismo precisamente, que ha sido durante siglos una mera —aunque insistente— recomendación de la Iglesia, tengo para mí que volver a él se·ha convertido ahora en una cuestión de supervivencia.

Como he dicho ya, el pensamiento moderno lo cuestiona todo. No reconoce la existencia de la verdad absoluta. A nadie se le permite pretender que posee certezas y seguridades metafísicas o religiosas. La única certeza que se admite es la de que todo es dudoso, incierto, inseguro y, a lo sumo, probable. Por eso se pone en duda el Evangelio y las palabras del Señor son examinadas al microscopio en laboratorios de exégesis, con resultados lamentables. Y no me refiero aquí, como es lógico, a los éxitos conseguidos por la buena exégesis científica, que tanto ha hecho por profundizar en el conocimiento de la Palabra de Dios; sino a ciertas exégesis de laboratorio que, más animadas por un entusiasmo cientista que por la fe, manejan la Biblia como si fuera cosa puramente humana, consiguiendo resultados que no serían tan desastrosos si no hubiera tan gran número de tontos dispuestos a creerlos.

El problema se plantea cuando se olvida que la Biblia es un organismo vivo, un libro inspirado por el Espíritu Santo que contiene la auténtica Palabra de Dios dirigida a los hombres. Pretender diseccionarla a base de escalpelo, como si se tratara de trozos de un cadáver, es una locura. Un cadáver no es un hombre, y en él se puede encontrar cualquier cosa menos *la vida*, por lo que ya no sirve para estudiar lo que era verdaderamente el hombre al que pertenecía. Se debe estudiar la Biblia con el mayor bagaje científico posible, con tal que se haga *con fe* y sin olvidar que es la Palabra de Dios, viva y eficaz (Heb 4:12). Resulta curioso, por ejemplo, lo que ocurre con lo que se ha dado en llamar las *ipsa verba* del Señor. Lo que podía haber sido una pretensión legítima se ha convertido en una ridícula manía de neuróticos. Empeñados en llegar al filón más profundo de la autenticidad más genuina de las mismas palabras del Señor (lenguaje original, literalidad, y a ser posible hasta la propiedad del sonido mismo, incluidos al parecer los tonos y los timbres), llega un momento en que, por la lógica misma de las cosas, ya no son suficientes las *ipsa verba*. Hay que llegar a más, para lo que hay que buscar ahora las *ipsissima verba*, en un intento "científico" y desesperado por satisfacer, tanto a los inquietos por la ciencia más depurada, como a los preocupados por la piedad más genuina. Los cuales, como era de esperar, no se quedan nunca contentos con los nuevos hallazgos, obligando así a los desgraciados exegetas a seguir buceando desesperadamente en las fuentes para encontrar la última quintaesencia de lo auténtico. Todo se convierte entonces en la tarea de seguir añadiendo grados a los superlativos: "ipsa", "ipsissima", "más ipsissima todavía"..., lo que no deja de recordar el viejo chiste del café no adulterado, que pretendía ser café café pero sin llegar a ser café café café.

De ahí que la única salida que nos queda a los cristianos es la de no prestarnos al juego. A poco que demos entrada en nuestra alma a la vacilación o la incertidumbre, sucumbiremos ante la mentira. Permitir un cuestionamiento de la Biblia, admitiendo —por ejemplo—

que el Evangelio no contiene realmente las verdaderas palabras del
Señor sino en todo caso su pensamiento, interpretado por San Juan,
que es distinto a su vez del mismo pensamiento interpretado por
San Pablo, quien creía que la parusía era inminente, mientras que el
Señor, por otra parte, no estaba muy convencido de su divinidad...,
y un largo etcétera, es tomar el camino que conduce a la locura o a
la pérdida de la fe. Todo el mundo sabe que aceptar la lucha en el
terreno elegido por el enemigo, con las armas y condiciones también
elegidas por él, es firmar la derrota de antemano.

Y sin embargo hoy es cosa normal aceptar de entrada los puntos
de vista del enemigo. Por ejemplo: el Documento sobre la Teología de
la Liberación[18] comienza diciendo que la Iglesia está con los oprimi-
dos y que reconoce la existencia de clases sociales.[19] Aun admitiendo la posibilidad de que mi interpretación sea demasiado alarmista,
creo que todo el mundo estará de acuerdo en que si aceptamos, no
ya el lenguaje marxista, sino hasta su misma ideología —en el fon-

---

[18]S.C. para la Doctrina de la Fe: *Instrucción sobre algunos aspectos de la Teología de la Liberación*, de 6 de Agosto de 1984.

[19]Es curioso observar que el "reconocimiento", por parte de la Iglesia, de la existencia de clases sociales, vendría a ser, con respecto a la sociología, algo parecido
al reconocimiento de la existencia de la *carica papaya* con respecto a la botánica.
Más aún cuando aquí se trata de un hecho social moralmente neutro. Pero, aunque
no lo fuera, ha de tratarse de todas formas de la mera constatación de un hecho
(algo así como si la Iglesia reconociera que existe la prostitución, como un hecho
social), en cuyo caso la declaración es una de esas afirmaciones que en realidad
no dicen nada: existen las clases sociales como existen también los espectáculos
deportivos o las manifestaciones callejeras, que son también ejemplos de otros hechos sociales. Estas afirmaciones de tipo inocuo, ahora tan de moda, no suponen
ningún compromiso para quien las hace, como es natural. Pero si no se trata tanto
de la mera constatación de un hecho cuanto de establecer un juicio valorativo, es
obligatorio suponer que estamos ante el reconocimiento de la existencia de la lucha
de clases. Lo que daría ocasión para que alguien pueda pensar que se ha dado carta
de validez a la interpretación marxista de la Historia y de la sociedad.

do maniquea—, podemos considerarnos derrotados de antemano. La Iglesia ha sido fundada para salvar a todos los hombres, puesto que todos fueron redimidos por Cristo: *Ya no hay judío ni griego, ni libre ni esclavo, ni hombre ni mujer, porque todos sois uno en Cristo Jesús.*[20] En este sentido al menos no existen clases para la Iglesia. Y, si acaso es necesario establecer una división tajante entre buenos y malos, la Iglesia no puede excluir a estos últimos —que en este caso serían los burgueses—, según la palabra del Señor: *Yo no he venido a llamar a los justos, sino a los pecadores.*[21]

Por lo que a mí respecta pienso seguir leyendo el Evangelio como siempre lo he hecho: con sencillez de corazón. Vivo de la fe y no voy a cuestionarla, por lo mismo que tampoco voy a cuestionar mi vida. Allá cada cual con su lectura del Evangelio y con el modo como quiera utilizarlo. Yo admito íntegramente todos los libros que la Iglesia ha aceptado como canónicos, y además intento comentar los textos con sencillez, según lo que obviamente se desprende de su contenido. Trato de hacerme cargo de ellos en toda la riqueza de su significación y tal como la Iglesia los ha interpretado a lo largo de veinte siglos, a saber: excluyendo los recortes, las timideces, los miedos, las estimaciones horizontalistas y los complejos; y por supuesto sin preocuparme de pensar que *tienen que ser aceptados por el mundo de hoy.* Más me ayuda para su comprensión un buen rato de oración que cien horas dedicadas al estudio de los teólogos y exegetas de moda. Por supuesto que estoy dispuesto a respetar la sonrisa comprensiva de ciertos intelectuales que quizá lean esto, aunque me reservo yo también el derecho a la risa en su momento oportuno. En cambio no admito que los misterios de la salvación tengan que estructurarse según el patrón del hombre moderno, ni

---

[20] Ga 3:28.
[21] Mt 9:13.

que Dios y la Revelación tengan que someterse al juicio y a la medida del entendimiento humano. Un entendimiento que, reducido a sus posibilidades puramente humanas, solamente puede dar lugar a doctrinas de alcances puramente humanos.[22]

No hace demasiado tiempo que cayó en mis manos uno de esos manuales de teología —escritos al parecer para castigo de nuestros pecados— que tienen por autores a ciertos grandes teólogos de moda, de esos que hablan y escriben pontificalmente después de haberse atribuido a sí mismos la titularidad del único y supremo Magisterio. Casi nadie se atreve a contradecirlos, pues ya se sabe que los imbéciles y soberbios reinan libremente y sin trabas en el mundo de los tontos.[23] Pero cuando surge, de manera tímida y aislada, alguna voz disconforme es reducida en seguida, utilizando contra ella el arma del ridículo —mediante la puesta de sambenitos a través

---

[22]Otra cosa es la necesidad de hablarle al hombre de hoy, como al de todos los tiempos, con su propio lenguaje. Por una parte, la catequesis y la predicación necesitan hablar el mismo idioma del hombre al que se dirigen; y por otra, tienen que hacerle ver que *sus problemas* están contemplados en el texto sagrado, lo mismo que las *soluciones pertinentes*. A mi entender, ambas cosas son raras en la Iglesia de hoy. Los predicadores de izquierdas, o *progresistas*, predican un lenguaje y plantean unos problemas tan esotéricos y utópicos como la ideología marxista en la que beben; con frecuencia tienden incluso a crear conflictos cuando no existen, y a fomentar la lucha de clases donde no la hay, según las conocidas consignas y tesis de los principales ideólogos de la línea de Marx. En cuanto a los predicadores de derechas, o *conservadores*, suelen emplear un lenguaje dulzón y sin aristas, a base de tópicos piadosos, y centrándose en "problemas" anodinos o indiferentes que nada tienen que ver con la vida y las preocupaciones del hombre real. Esto último sobre todo viene a ser la característica única de un "lenguaje episcopal" hoy bastante generalizado.

[23]Un mundo bastante poblado, por desgracia. Son muchos los que vibran de admiración y entusiasmo ante la invocación del nombre de un teólogo de moda, sin que importe demasiado que el ídolo de turno no guarde fidelidad a la sana doctrina ni a las exigencias mínimas del sentido común. Cualquier facultad de discernimiento propio es innecesaria ante la fuerza del *Magister dixit*.

del lenguaje manipulado— o la conspiración del silencio.[24] Entre otras muchas incongruencias se decía, por ejemplo en el capítulo sobre la eucaristía, que, debido al hecho de que los conceptos de sustancia y accidente son contradictorios, ya no se puede mantener el concepto de presencia real tal y como siempre ha sido entendido. No se daban explicaciones acerca de esa supuesta contradicción, seguramente porque el manual las consideraba innecesarias, dada su evidencia: *Magister dixit et bene dixit*. Se me ocurrió pensar que el procedimiento de destruir el dogma socavando sus fundamentos filosóficos, por las buenas y sin pruebas, no parece muy honrado. Aunque dice Millán Puelles[25] que aún está por demostrarse la su-

---

[24]Hay quien dice que la función magisterial en la Iglesia ha tomado hoy dos direcciones claramente marcadas. Por un lado están el dogma y la moral, los cuales fueron siempre campos específicos del Magisterio pero que ahora parecen haber quedado reservados a los teólogos vedetes, que son los únicos que sientan doctrina sobre esas materias. Por otro lado existe un ancho campo de doctrinas —acerca de las cuales es muy dudosa la competencia de la Iglesia— que aparentemente se ha adjudicado a sí mismo el Magisterio más o menos oficial: problemas de pacifismo y de unidad entre los pueblos, de democracias, de derechos humanos, de racismo y de minorías, de economía, de ecología, y un largo etcétera de cuestiones cuya temática no siempre está clara que tenga que ver con la función sobrenatural de la Iglesia. Lo problemático del caso es que no se trata, por lo general, de juicios morales, sino de afirmaciones que se refieren exclusivamente a esas materias como tales. En el Documento sobre el racismo, de la Pontificia Comisión "Justitia et Pax", de Febrero del 89, por ejemplo, se hacen afirmaciones de carácter puramente histórico, por otra parte muy discutibles que, al pertenecer a la exclusiva competencia de los historiadores (como vino a reconocer en rueda de prensa el mismo Presidente de la Comisión), quedan expuestas a la crítica de cualquier especialista bien informado. Sea de ello lo que fuere se echa de menos un Magisterio más contundente, tanto en el sentido negativo como en el positivo; negativamente para poner cauces al descontrol de los teólogos del vedetismo; positivamente para alimentar al pueblo fiel con el pan de la buena doctrina sobrenatural, que es la única que nutre las almas.

[25]Millán Puelles, *Léxico Filosófico*.

puesta contradicción entre los conceptos de sustancia y accidente, yo no estoy seguro de que ni eso ni nada vaya a significar algo contra los nuevos Maestros del pensamiento.

A veces son tan grandes los despropósitos que parecen cómicos y hasta ridículos. Los Padres de Trento, por ejemplo, que hablaban —según se ha sabido ahora— con las categorías de su tiempo, se vieron obligados a echar mano de los términos de sustancia y accidente. Unos conceptos que no pueden ser aceptados por el hombre moderno, por lo que es necesario desecharlos para formular otra explicación de la presencia real eucarística. Supongamos que lo admitimos como hipótesis. Pero entonces resulta, si es que la lógica tiene todavía algún sentido, que los Padres de Trento entendieron por Eucaristía *algo muy distinto* de lo que entendemos nosotros.[26] De ahí la pregunta: ¿Estuvo equivocada la Iglesia de Trento o estamos equivocados nosotros ahora? La respuesta, por supuesto, ya no importa demasiado porque da lo mismo: si se admite que la Iglesia ha caído en el error hay que reconocer forzosamente la falsedad de la Iglesia. No cabe aquí el término medio, como decía Pemán hace muchos años hablando también de la presencia real, a propósito de las Comisiones anglicano–católicas y de sus inauditas conclusiones. Conclusiones que a mí también, como a Pemán, me dejaban perplejo. Porque, como él decía por aquellos días con su sorna andaluza en las páginas de *ABC*: o está Jesucristo en la eucaristía o no lo

---

[26]Porque, como se está viendo claramente, no se trata de explicar *la misma cosa* con otros términos filosóficos, sino de formular algo muy distinto con términos distintos. No me corresponde a mí entrar en la discusión de la posibilidad de explicar el misterio eucarístico sin utilizar los conceptos filosóficos de sustancia y accidente. A mi entender, tales conceptos formulan con bastante precisión y seguridad la verdad dogmática tal como siempre ha sido creída, y me parece difícil que pueda seguir siendo la misma si se prescinde de ellos. Porque realmente se trata de eso: de sustituir el dogma de la presencia real por otra *verdad* más acorde con la mentalidad moderna.

está. Resulta muy difícil aceptar una *vía media* que abra paso a la posibilidad de contentar, pensando que están en lo cierto, tanto a los que creen en la presencia real como a los que no creen en ella. El documento de la Comisión[27] es una colección de ambigüedades, como dice Sayés: "Se da pie a una inevitable ambigüedad que permite a cada cual leer en los documentos citados cosas radicalmente diferentes y, en semejante caso, no se trataría ya de un problema de terminología, sino de contenido."[28] Por mi parte sigo pensando que los juegos de palabras deben reservarse para las bromas, los puzles, los acertijos y los crucigramas, y que no deben ser utilizados en las cuestiones serias. Por otra parte, no me consta que se haya inventado todavía la manera de llegar a una conclusión verdadera que sea intermedia entre dos proposiciones contradictorias. Nos encontramos aquí por un lado a los que dicen que está y por otro a los que dicen que no está; para llegar luego a una conclusión conciliadora, que recuerda extrañamente la cuadratura del círculo, y que lo mismo admite la posibilidad de pensar que está como la de creer que no está. La Comisión Mixta no pudo conseguir el ansiado milagro de la unión de los católicos con los anglicanos; pero en cambio le dio la razón a las dos partes, con lo que consiguió un milagro más grande todavía. Hoy todo el mundo ha olvidado a aquella bondadosa Comisión Mixta, lo que no tiene nada de extraño si se mira el lado práctico de sus resultados, fuera ya de la poca contundencia y

---

[27]7 de Septiembre de 1971.

[28]Jose A. Sayés, *La presencia real de Cristo en la Eucaristía*, B.A.C. Madrid, 1976, pg. 150. El procedimiento no parece complicado: Si no hay manera de ponerse de acuerdo en cuanto al contenido, se conviene en utilizar palabras a las que se les pueda dar el significado que cada cual desee. Lo cual en definitiva es jugar con la fe. En cuanto a los resultados de todos estos coqueteos, dentro del catolicismo, están bien patentes: Un marcado descenso, por parte de los fieles, en la fe en la presencia real y en la devoción a la eucaristía.

escasa lógica de sus conclusiones. El olvido es el manto caritativo que acaba cubriendo estas cosas, y por eso hay quien dice que el café con leche es algo que está bien, pero en los desayunos.

Mejor suerte tuvo la Comisión de Doctores de *El rey que rabió*, la vieja zarzuela de Chapí. Sin duda alguna porque en sus conclusiones abundaban la lógica y la contundencia, tal vez hasta con exceso. Como decía, más o menos, el coro de médicos de la zarzuela, a propósito de la posible enfermedad del monarca, transmitida a su vez por la posible enfermedad del perro:

> *Doctores sapientísimos que han estudiado bien,*
> *y saben de lo otro y de esto también...*
> *Pues de esta consecuencia nadie nos sacará:*
> *Que puede estar hidrófobo y puede no lo estar.*

Y aunque a alguien le parezca ingenuo concluir, después de tan largos y pacientes estudios, que el perro podía estar rabioso o podía no estarlo, hay que reconocer que hubiera sido más disparatado llegar al resultado de que lo estaba y no lo estaba al mismo tiempo. Por mi parte, al mismo tiempo que me quedo con la Comisión de doctores, a los que nadie se atreverá a negarles la razón, declaro solemnemente que no entiendo en absoluto la conclusión de la famosa Comisión Mixta.

A veces parece que vivimos en una tierra de locos en la que lo más disparatado ya no causa extrañeza. Como cualquiera habrá podido comprobar a propósito de uno de los últimos escándalos ocurridos en el mundillo de las Iglesias cristianas. Me refiero a la consagración de una mujer "Obispo" por parte de la Iglesia Episcopaliana de los Estados Unidos. En la acostumbrada encuesta realizada entre los representantes de las distintas confesiones cristianas[29] se expresaron

---

[29] *ABC* del 14 de Febrero del 89.

toda clase de opiniones, favorables en general a la Obispo, aunque ninguna tan sorprendente como la del representante católico. Nuestros hermanos protestantes fueron tan radicales y anticatólicos en sus respuestas como era de esperar, si bien es justo reconocerles continuidad de pensamiento; en cambio no sucedió lo mismo con el representante católico, decidido al parecer a plantear con su respuesta un problema doctrinal y práctico mucho más grave que el que ya estaba sobre el tapete. Según nuestro distinguido experto, "en cuestiones de tanta envergadura una Iglesia no debería proceder unilateralmente, sin la consulta, e incluso el consenso, de las otras Iglesias." Con lo que ha quedado claro, por fin, el camino hacia la solución del problema. Si, con respecto al tema de la ordenación de mujeres como obispos, los protestantes dicen que sí y los católicos dicen que no, todo lo que hay que hacer es llegar a un consenso. La única dificultad es que aquí aparece de nuevo el grave problema de conciliar el sí y el no al mismo tiempo; y además en un asunto "de tanta envergadura." Pues, si bien la luminosa salida del consenso está clara, aún resta sin embargo la dificultad de su aplicación, dado caso de que existe una multitud de cuestiones (como son, por ejemplo, las imprescindibles acciones personales de obligada ejecución por parte de cada individuo, aparte de otras muchas) en las que no hay consenso que valga. Pese a todo ello, creo personalmente que aún puede haber una salida para el problema, aunque no es de suponer que nuestro buen ecumenista se refiriera a ella. Puesto que unos dicen que los hombres, y otros que las mujeres, la solución consensuada no puede ser otra que la consagración de los sexualmente ambiguos, que ni son lo uno ni lo otro y además, según afirmó el Celam en una conocida Declaración, gozan de una especial sensibilidad para lo religioso.

Como puede suponerse, he citado esos casos como simple botón
de muestra. Ya dije que no tenía intención de hacer una lista de los
males de la Iglesia, por tratarse de una tarea que considero inútil y
que además excede mis posibilidades. He escogido algunas anécdo-
tas por su especial carácter tragicómico, o ese mismo que posee la
virtud de hacernos reír y llorar a la vez; pero todo el mundo sabe
que se podría hablar de cosas más graves. A mi entender, el mal que
sufre la Iglesia consiste en que se encuentra asustada ante el mundo
moderno. Un mal que se deriva a su vez de otro más hondo: la crisis de fe, que ha producido también un enfriamiento de la caridad.
Creo que ha habido, por parte de la Iglesia, una sobrevaloración del
mundo de la técnica, del poder de las ideologías, y de la fuerza de
los sistemas totalitarios. Paralelamente a eso, y como consecuencia,
la Iglesia ha cometido la simpleza de infravalorar sus propios tesoros: perdida la fe en el contenido sobrenatural de su mensaje de
salvación, ahora se esfuerza en ir a la zaga del mundo mendigándole
comprensión. Y no es que yo desprecie la fuerza del Sistema; lejos de

mí tal cosa. Estoy de acuerdo con lo que dice Revel[1] acerca de que la
mentira se ha adueñado del mundo porque el Sistema la necesita para sobrevivir. Pero la Iglesia no tenía que haberse asustado ni dejado
influir por los poderes que posee el Reino de la mentira. Tenía el deber de haber seguido creyendo en sus propios valores sobrenaturales
porque, en definitiva, el bien acabará prevaleciendo sobre el mal, y
ella lo sabe. Pero ya dije que el enfriamiento del amor conduce indefectiblemente a la mentira. No en el sentido de que la Iglesia se haya
hecho mentirosa —no podría hacerlo—, sino en el de que muchos de
sus hijos, o bien han consentido en alejarse de la verdad, o bien la
han silenciado o disimulado por cobardía, permitiendo la propaga-
ción del error. Y aquí hay que incluir también a muchos Pastores,
por más que haya que decirlo con tristeza. Por mi parte reconozco
que no comprendo a los abiertamente mentirosos, pero quizás aún
menos a los simplemente cobardes. Algunos de estos últimos, sin
duda con la mejor intención, han adoptado la actitud de abstener-
se de denunciar el error, por temor, según dicen ellos mismos, de
que las cosas empeoren más. Sostienen que es mucho más positivo y
práctico *dar doctrina* porque así es como la verdad se impondrá por
sí misma. Tal vez sea eso cierto, pero lo dudo mucho. La mentira
tiene tal fuerza de penetración, en el actual estado de la naturale-

---

[1] Jean–François Revel, *La connaissance inutile*, Grasset, París, 1988. Revel habla de *sistemas totalitarios*, que es más o menos lo que yo vengo a entender aquí
por *Sistema*. Sin embargo, yo no identifico el concepto de *sistema totalitario* con el
de *inexistencia de democracia occidental*. En la Europa occidental (por lo menos
en España, que es el caso que mejor conozco) existen democracias, oficialmente
reconocidas como tales, que se parecen en muchas cosas a los sistemas totalitarios.
En realidad el libro de Revel es la mejor demostración de que las indiscutidas democracias occidentales están lejos de ser lo que dicen, tanto en lo que se refiere a la
libertad como a los derechos humanos o la dignidad del hombre en general. De todos
modos esto no es sino un caso más dentro del enorme tinglado de manipulaciones
y mentiras que opera en el mundo.

za humana, que es necesario denunciarla y atajarla. El buen pastor tiene el deber, no sólo de conducir a las ovejas a los buenos pastos, sino también de guardarlas del lobo. Al menos así parece pensarlo el Nuevo Testamento; y por eso está lleno de avisos a los pastores para que guarden a sus ovejas y las mantengan alejadas del error (pueden leerse, por ejemplo, las Cartas Pastorales de San Pablo y el capítulo diez del Evangelio de San Juan). Con esta doctrina de la comprensión bondadosa las herejías hubieran tenido siempre carta blanca en la Iglesia: ni San Atanasio hubiera acabado con el arrianismo, ni San Agustín con el pelagianismo, ni San Bernardo hubiera puesto al descubierto los errores de Abelardo, por decir algo. Pero todo esto es hablar por hablar, puesto que nadie me va a escuchar. Si alguien no está conforme con lo que digo, y quiere molestarse en hacerlo, le basta con lanzar la acusación de *extremismo* para descalificarme por completo sin necesidad de pruebas.

Pero ya dije al principio que estas líneas no se han escrito con ánimo de convencer, sino para cumplir un deber de conciencia. Por mi parte, si Dios me lo concede, espero morir *creyendo* en la Iglesia, tal como ahora creo también en ella. Porque, si bien es cierto que no la *veo* como yo desearía, también es verdad que mi *fe* en ella se ve así en la necesidad de afirmarse más; pues, en último término, Dios es bueno. Además es posible que siempre haya sucedido así, aunque ahora parezca que se está tocando techo. Quiero decir que tal vez la Iglesia haya parecido siempre demasiado humana, hecha como está de nuestra propia carne. Lo que no ha impedido que los verdaderos cristianos le hayan otorgado su fe y su amor incondicionales durante veinte siglos ya completos.

Es indudable que nos encontramos en una hora de desafío. Aunque parezca un dicho gastado el de que la Iglesia ha sido salvada siempre por los santos, de todos modos no deja de ser verdadero.

Y aunque ahora ya no se piensa en ellos no por eso se les necesita menos. Además, como ésta es una crisis de fe, los santos de ahora tendrán que ser, sobre todo, hombres y mujeres de profunda fe. De una fe tan intensa que les haga vivir una caridad igualmente inquebrantable y que les proporcione, a su vez, la esperanza que se levanta contra toda esperanza. De este modo, y no de otro, es como las puertas del infierno no prevalecerán nunca contra la Iglesia.

# IV

Las preguntas no tienen siempre una respuesta tan sencilla como cabría esperar. Sucede a menudo que se formula una pregunta, al parecer simple, con la esperanza de obtener una respuesta rápida y también simple, y sin embargo no ocurre así. A veces la pregunta plantea un problema mucho más complejo de lo que se esperaba. De ahí que a veces la respuesta, si quiere ser adecuada, ha de ser dada a través de un rodeo o camino indirecto, intercalando tal vez una nueva serie de razonamientos, porque no puede hacerse de otro modo. Muchas cuestiones, que a primera vista parecían prestarse a un planteamiento sencillo y espontáneo, resultan luego demasiado complicadas, a pesar de que quien las formula habría deseado verlas resueltas en seguida. No siempre son las cosas tan fáciles como son imaginadas. Así le ocurrió a uno que le preguntó al Señor acerca del número de los que se salvan: *Señor, ¿son pocos los que se salvan?* Y el Señor contestó: *Esforzaos en entrar por la puerta estrecha, porque os digo que muchos tratarán de entrar y no podrán. Una vez que el padre de familia se levante y cierre la puerta, os quedaréis fuera y comenzaréis a golpear la puerta, diciendo: Señor, ábrenos. Y os responderá: No sé de dónde sois.*[1]

El episodio produce la impresión de que, o bien el Señor no responde en esta ocasión a la pregunta que le es dirigida, o bien lo hace de una manera demasiado indirecta. ¿Son muchos o son pocos los que se salvan? Es evidente que la respuesta del Señor podría ser interpretada de modos diferentes: como una negativa a responder, como una ambigua evasiva, como una contestación muy indirecta, o como la contestación correcta y adecuada. De todos modos, aunque no es probable que la pregunta hubiera recibido una fácil respuesta, parece que el Señor, una vez más, prefiere ir directamente a los aspectos más profundos y prácticos del problema. Es lógico pensar, por lo tanto, que el Señor responde a la pregunta; aunque de una manera indirecta, como no podía ser de otra manera.

Él ya nos había advertido que procuremos entrar por la puerta angosta: Porque *ancha es la puerta y espaciosa la senda que conduce a la perdición, y son muchos los que entran por ella. ¡Qué angosta es la puerta y estrecha la senda que conduce a la vida, y qué pocos son los que la encuentran!*[2] De donde se desprende que los que eligen la senda que va a la perdición son muchos, mientras que los que optan por la senda que conduce a la vida son pocos. La razón más inmediata de este hecho parece estar indicada también por el Señor: una es la senda fácil, que es la que conduce a la perdición, y otra es la senda difícil, que es la que conduce a la vida.

No es desde luego una respuesta directa, de esas que hubieran podido satisfacer fácilmente una curiosidad superficial y a menudo hasta impertinente. Pero el Señor prefiere ir derechamente a lo más profundo del problema y a lo que realmente nos hace falta saber.

---

[1]Lc 13: 22–30.
[2]Mt 7: 13–14.

Por eso su respuesta es mucho más sustanciosa y práctica de lo que nadie hubiera podido esperar. Ateniéndonos al punto concreto de la pregunta formulada, si bien es cierto que el Señor no se presta al juego de la curiosidad vana y no responde directamente, nos advierte a todos con claridad acerca de un peligro real que nos acecha de cerca: es más fácil perderse que salvarse. Y ahora ya, hecha esa advertencia, cada cual puede sacar las consecuencias que le parezcan más convenientes. Como el mismo Señor gustaba de decir: *El que pueda entender, que entienda.*

Es probable que estas conclusiones no sean del agrado de algunos modernos católicos, y menos todavía de las teologías a las que yo suelo llamar *teologías de la bondad.* Estas teologías, propugnadoras de que el infierno es una mera posibilidad real, del llamado *cristianismo anónimo* y de la salvación para todo el mundo —porque Dios es bueno y quiere la salvación de todos—, no estarán seguramente de acuerdo con esta doctrina. Por otra parte, para estas teologías no significa mucho que el Señor hable en el Evangelio con frecuencia del fuego del infierno, o de los que serán arrojados a ese fuego y del Juicio Final. Tampoco se sienten inquietas por la doctrina clara que contienen sobre el tema los restantes libros del Nuevo Testamento; y menos aún por la circunstancia de que el Magisterio la haya enseñado ininterrumpidamente a lo largo de toda la historia de la Iglesia.

Sin embargo, según el Señor, después del Juicio Final los hombres serán separados y colocados, unos a la derecha (los que se salven), y otros a la izquierda (los que se condenen), según ciertas condiciones que son las que determinarán en definitiva el lugar que ocupará cada uno de ellos. Unas condiciones que además son bien conocidas. Las causantes de la condenación, por ejemplo, se resuelven en cosas como éstas: *Porque tuve hambre, y no me disteis de comer; tuve sed, y no me disteis de beber...*[3] Pero, si se examinan serena y fríamente los hechos, no hay más remedio que reconocer que hay mucha gente que parece cumplir tales condiciones. La consecuencia se deriva por sí sola y parece obvia.

Debe reconocerse, sin embargo, que si el Señor no quiso responder de forma directa a esa pregunta, no parece lógico que debamos hacerlo nosotros. A pesar de lo cual insisto en que las *teologías de la bondad* deben ser rechazadas, puesto que no están de acuerdo con la doctrina, bien clara por otra parte y avalada por el Magisterio, del Nuevo Testamento y de la Tradición.

La doctrina contenida en el Nuevo Testamento, interpretada y enseñada por la Iglesia durante veinte siglos, es indudablemente una doctrina revelada. Las buenas escuelas de exégesis, que tanto han contribuido al mejor conocimiento de la Biblia gracias a una ardua tarea de investigación, cumplen una misión importante y son insustituibles.[4] Pero los trabajos y avances de la exégesis no pueden ser un obstáculo que nos impida seguir creyendo, con toda tranquilidad, que la Biblia ha sido escrita *para que la gente la entienda* —y además sin necesidad de romperse la cabeza—, y que lo que en ella se contiene *es sencillamente la verdad.* Lo definitivamente cierto, en último término, es la palabra de Dios, *y no la de los eruditos.* En todo caso una Palabra de Dios interpretada por la Iglesia, cuando haya necesidad de hacerlo, por la sencilla razón de que es a ella a quien le corresponde esa tarea y la que tiene que decidir en última y suprema instancia.

Nada de lo cual está claro para estas teologías. Arrogándose el juicio último sobre la Revelación, y sustituyendo la doctrina de la

---

[3]Mt 25:42.

[4]De hecho, los avances de la verdadera exégesis, además de los logros conseguidos en la depuración del texto bíblico en los últimos años, son muy consoladores. Ahí están, por ejemplo, los trabajos que han concluido en el texto de la *Neovulgata.*

Iglesia por la de los teólogos,[5] se han reconocido a sí mismas como la suprema instancia de toda exégesis. Por lo que hace a la *fe del carbonero*, que en otros tiempos era considerada como algo venerable, ahora es objeto de ironías y de sospechas. Han llegado las cosas a tal punto que, cualquier acto de fe sin más ni más —del carbonero o de quien sea—, es catalogado con la poca estima que merece todo lo que no es *científico* o no es *racional*.

Las *teologías de la bondad* practican lo que se dice que hace el avestruz cuando se encuentra ante el cazador: dejan de ver las cosas como son para imaginarlas al gusto propio. Aunque en este caso no se trata tanto de imaginar las cosas cuanto de crearlas, siguiendo los dictados de la mejor línea de las filosofías idealistas. Es bastante grande el número de los que se empeñan en que las cosas no sean como son en realidad, sino como ellos desean imaginarlas. De ahí pasan en seguida a crear una extraña ficción, que consiste en considerar como real lo que es puramente imaginario y olvidar que no es sino un producto de su propia fantasía. Con lo que se llega a la conclusión de que las cosas no sean sino lo que piensan los partidarios de estas ficciones, sin posibilidad de que exista ninguna otra realidad.

En el fondo de todo esto yace el convencimiento de que las cosas están mal hechas y de que, por lo tanto, tendrían que ser de otra manera. O mejor dicho: puesto que *deben ser* de otra manera, *lo son efectivamente*. El sol, por ejemplo, podría salir por el oeste, o por el sur, en vez de hacerlo siempre por el este, con una monótona regularidad que parece maníaca; además podría salir por la tarde, o tal vez por la noche, siquiera de vez en cuando: los primeros jueves del mes, o los terceros martes, digamos por caso. Y si el ejemplo parece disparatado se puede echar mano de otros muchos más ve-

---

[5] O sea, por la de los mismos que han elaborado esas teologías.

rosímiles. ¿Quién va a ponerse a dudar de que si el infierno fuera una simple posibilidad y estuviera vacío sería mucho mejor? En este sentido es evidente que es más conforme con la bondad divina que todo el mundo se salve y que nadie se condene. ¿O acaso es mejor que la gente vaya a parar al infierno...? Está claro, por lo tanto, que el infierno no puede existir. A lo más, por si alguien se empecina en lo contrario, puede dejarse en una simple posibilidad real; o incluso concederse la existencia del infierno, para los obstinados que se empeñen en mantenerla, con tal de que se admita que está vacío. Que es lo verdaderamente conforme con la infinita bondad de Dios y con su voluntad salvífica universal.

Ahora se comprende mejor la razón por la que llamo *teologías de la bondad* a estas doctrinas que, por otra parte, gozan de enormes posibilidades de ser aceptadas. Parecen satisfacer mejor las exigencias del corazón humano, que desea a toda costa la felicidad, a ser posible sin esfuerzo y sin estar pendiente del temor al castigo. También parecen acomodarse mejor al carácter de la bondad divina, la cual quiere que todos los hombres se salven; y hasta a las exigencias de la justicia divina, pues no parece justo que una simple creatura se pueda condenar para toda la eternidad a pesar de que haya pecado. Todo lo cual hace que estas teologías aparezcan a la vista de todo el mundo como más cristianas, más progresistas, más humanas, y más conformes al Mensaje de Salvación.

Sin embargo tropiezan con una dificultad tan grave que es más que suficiente para descalificarlas: no se ajustan a la verdad. Lo cual, por sí solo, haría inútil e innecesario continuar discutiendo el problema.

—¿Quiere usted decirme, por favor, por qué no tocan las campanas en este pueblo? —preguntó un visitante a un vecino de un pueblecito de montaña—.

—Por veinticuatro razones —contestó el vecino—. Verá: La primera, porque no hay campanas. La segunda...

—No siga, por favor —dijo el visitante—. Es suficiente.

Para estas teologías no se trata ya de cómo son las cosas en la realidad, sino de cómo deben ser *según lo que ellas piensan que deben ser*. El paso siguiente consiste en decidir que son efectivamente así y que no pueden ser de otra manera. Según la Revelación, por ejemplo, está bastante claro que existe el infierno y que hay gente que va a parar a él. Estas doctrinas estiman, sin embargo, que las exigencias del amor y de la justicia divinos hacen imposible tal cosa. Hay que buscar por lo tanto una explicación satisfactoria. Tarea que intentan llevar a cabo cumplidamente, pues para algo son las teologías de la bondad, del amor, de la comprensión, de la paz de la conciencia y de la exaltación de la dignidad humana.

Pero el problema no es tan sencillo. Podría suceder que la necesidad de que todo el mundo se salve, proclamada por estas teologías y fundamentada en unas supuestas exigencias de la justicia y del amor divinos, fuera desmentida por el hecho de que el amor y la justicia de Dios *no son como los imaginan* los promotores de las teologías de la bondad. Puesto que la Revelación y la doctrina de la Iglesia son bastante claras en este sentido, hay que admitir al menos la posibilidad de que las cosas no sean como las explican estos teólogos de avanzada. Si el problema de la salvación es también un problema de posible condenación —en cuanto que la salvación ha de ser aceptada libremente, existiendo por lo tanto la posibilidad de que también sea rechazada libremente—, y si de hecho resultara que Dios hubiera creado efectivamente el infierno y permitido la condenación, nadie podría tener la arrogancia de juzgar a Dios y de decidir que las cosas han de ser de otra manera. Porque eso equivaldría a la fatua pretensión de pensar que el hombre sabe hacer las cosas mejor que Dios.

Pretender que la condenación *no puede existir*, en contra de lo que dice claramente la Revelación, no es sino sustentar la vana creencia de que se le puede enmendar a Dios la plana.

A propósito de esto, quizá valga la pena recordar aquí la vieja historieta del labrador que descansaba de sus faenas en el campo. Dice el cuento que, cierto día de verano, a la hora de la siesta, un labriego se tendió en el suelo para descansar a la sombra de una vieja encina. Alzando la vista, se puso a contemplar las bellotas que pendían del árbol, y comenzó a pensar:

—No es verdad que Dios lo haya hecho todo bien. Ahí está, por ejemplo, esa puntiaguda, pequeña, e insignificante bellota que, sin embargo, es el fruto de un árbol tan grande como esta encina. En cambio, la rugosa y enorme calabaza, que a menudo llega a alcanzar hasta siete u ocho kilos, es producida por una planta menuda y débil, que se arrastra y se queda pegada a la tierra por falta de vigor para alzarse del suelo, siquiera sea un palmo. Aquí no hay proporción ni lógica, y más bien parece que estas cosas han sido hechas al revés.

Pero, cuando más absorto estaba en sus pensamientos, una bellota que se desprendió de la encina vino a caer, por extraña casualidad, en la misma punta de su nariz. Y entonces el labriego pensó para sí:

—¡Caray...! Me alegro de que haya sido una bellota. Porque no quiero imaginar lo que hubiera pasado si me cae en la nariz, desde esa altura, una calabaza de ocho kilos.

Espero que nadie cometa la simpleza de pensar que estamos discutiendo acerca del número de gente que hay en el infierno: si poca, mucha, o tal vez ninguna, como si se tratara de una cuestión de contabilidad. Porque, en realidad, lo que está en juego en el fondo de todo esto es algo mucho más grave.

Como he dicho antes, aparte de lo que suponga la crisis de fe, existe el deseo inconfesado de que Dios *no sea* y de que, consiguientemente, las cosas *tampoco sean lo que son.* Una vez que el hombre se ha erigido en árbitro de todo, después de haber desplazado a Dios, es natural que quiera que las cosas sean como él las piensa y solamente como él las piensa. Y tal como lo desea, así lo dispone. Desde ahora, lo que es justo o injusto, bueno o malo, y hasta lo que es o no es, solamente lo decide el hombre. Con lo que se llega a la situación en la que el hombre decide, por ejemplo, si es justo o no es justo que exista el infierno, después de haber determinado si tal cosa es o no conforme con la verdadera bondad y el auténtico sentido de la justicia. Puestas así las cosas, la cuestión de hecho —la conformidad con la verdad— ya no tiene relevancia alguna, una vez que se ha decidido que no hay más hechos ni más verdades que los que el hombre considera como tales.

No se trata por lo tanto de que estas teologías pretendan haber elaborado unos conceptos, acerca de la bondad y de la justicia, más acordes con la verdad que los que Dios mismo posee. Eso sería una tontería propia de ingenuos. De lo que se trata ahora es de que ya no existen otra justicia, ni otra bondad, y ni siquiera otra verdad, que las que estas doctrinas determinan. Con lo que llegamos definitivamente a tocar fondo en las últimas consecuencias del idealismo: Para Hegel, el único Absoluto (fuese lo que fuese el Absoluto para Hegel) dependía enteramente del pensamiento del hombre. De ahí la consecuencia de que, en el caso de que exista algo que pueda ser llamado Dios, ese Dios no puede ser otro que el hombre.

Aparte de eso, que ya es bastante, ciertas doctrinas como las del cristianismo anónimo o la del infierno como mera posibilidad real, por ejemplo, a pesar de su aparente progresismo aperturista a la bondad y a la justicia, cometen un estrepitoso error con respecto al concepto del amor. Un error grave que suele escapar, por desgracia, a la apreciación del hombre de la calle, poco ilustrado por lo general; e incluso a los que, siendo más cultos, están empeñados en vivir una moral propia de libertinaje y olvidados de la molesta sombra de un castigo eterno. Sin embargo, la concepción de unos conceptos mucho más avanzados de la bondad y de la justicia —fabricación de una nueva Torre de Babel—, no solamente acaba con toda idea del Amor, sino también con todo vestigio de auténtica bondad y de verdadera justicia. ¿Justicia y bondad sin amor...?

Porque el concepto de condenación, debido a sus justas y evidentes connotaciones negativas, tiende a dejar en un segundo plano la realidad en la que radica su verdadera esencia, la cual consiste precisamente en el *rechazo de un amor que previamente se había ofrecido a sí mismo para ser aceptado*.[6] Pertenece a la esencia del amor que el que ama se ofrezca a sí mismo, *libérrimamente*, a la persona amada; y de tal manera el amor tiene que realizarse en la libertad que *nadie absolutamente puede ser constreñido a amar*.[7] Pero, si se ofrece en libertad, y debido a la condición de *total reciprocidad* que es igualmente esencial al amor, *también tiene que ser aceptado en la libertad*. La conclusión entonces es patente: dada la innegable condición de libertad imperfecta que le es propia, el hombre solamente puede aceptar libremente el amor en la medida

---

[6]Pongo deliberadamente la palabra *amor* con minúscula, a pesar de que aquí tendría que haberla escrito con mayúscula. Lo hago así para evitar el equívoco de que alguien pueda creer que me estoy refiriendo directamente a Dios; porque lo que interesa hacer ver aquí es la corrupción del concepto del amor (del amor como tal, y concretamente del amor creado, prescindiendo ahora de su fuente y de que Dios es el Amor perfecto e increado) al que han llegado estas doctrinas.

[7]*Donde está el Espíritu del Señor, allí está la libertad* (2 Cor 3:17).

en que también puede rechazarlo libremente.[8] La condenación, por lo tanto, es la situación a la que se llega cuando el Amor, que se había ofrecido de una manera libérrima, total y definitiva, es rechazado también de una manera libérrima, total y definitiva. Dentro de este planteamiento, hay que reconocer que la palabra *condenación* implica unas connotaciones negativas —de castigo y penalización vindicativa— que, aunque verdaderas, pueden impedir una visión serena del problema. Podría decirse, empleando un lenguaje quizá no demasiado preciso pero verdadero, que no se trata tanto de un

---

[8]Dios se ama a sí mismo necesariamente, pero con una necesidad que no es más que la expresión de su infinita libertad. El Espíritu Santo *procede* necesariamente del Padre y del Hijo, sin que eso obste para que el Padre y el Hijo se amen en infinita libertad. De hecho el Espíritu Santo es libertad. La voluntad de Dios es su misma esencia, en identificación plena. Pero la naturaleza de Dios es necesaria (en el sentido de que no podría ser de otra manera: el Ser no puede ser sino Ser, y nada es diferente del Ser), al mismo tiempo que su voluntad es soberanamente libre. La infinita perfección de su voluntad se traduce también en que no podría ser sino libre, y por eso se ama *necesariamente en libertad perfecta*. En cuanto a las criaturas, dado que no gozan de la condición de necesariedad, el amor que Dios les tiene depende de su libre determinación de crearlas. Pero, una vez que decide crearlas, la condición de libertad en su amor por ellas se manifiesta también en el hecho de que pudo no haberlas creado. Aquí hay sin duda una elección, no solamente entre la nada y el ser, sino también entre una serie de infinitas posibilidades, entre las cuales se ha escogido. Y así es como aparece otra condición esencial al amor creado o al que se refiere a las criaturas: la elección, la cual no tendría sentido alguno si no se lleva a cabo en la libertad; porque elegir es escoger (o decidirse libremente) entre varios y diversos posibles. Dios elige libremente a su criatura, la crea libremente, y luego la ama también libremente. En justa reciprocidad (porque se trata de un negocio de amor) a la criatura se le concede la posibilidad de que pueda elegir también a su Dios o rechazarlo; pero de tal manera que, puesto que ha sido hecha para el amor, necesariamente tiene que elegirlo o rechazarlo (volviéndose a otra cosa): *Nadie puede servir a dos señores*. De este modo, si el que ama lo hace *porque quiere*, es sin duda porque existe también la posibilidad de que *no quiera*. El idioma español, con feliz intuición, emplea el verbo *querer* para expresar también la idea de amar.

castigo cuanto de poner las cosas en su lugar: el condenado recibe
lo que quiere, y es puesto para siempre en la situación que él ha
elegido libremente *y que continúa eligiendo*. En este sentido se trata
menos de decretar un castigo que de llevar a cabo un acto de justicia.
El desenfoque, y consiguiente rechazo, del concepto de condenación,
son la consecuencia de la corrupción del concepto de amor. No existe
la posibilidad de dar una respuesta *a medias* a un Amor que se ofrece de un modo tan categórico y absoluto.[9] El Amor que se ofrece en
totalidad solamente puede ser aceptado o rechazado en totalidad.[10]
Ahora bien, este amor, puesto que es el Amor Perfecto, en el caso
de que decidiera ofrecerse (o darse, que es lo mismo), parece que

---

[9] *Nadie puede servir a dos señores; porque, o bien tendrá aversión a uno y amará
al otro, o bien se allegará a uno y despreciará al otro* (Mt 6:24).

[10] Con una totalidad que, como es lógico, incluye también el tiempo y el más
allá del tiempo. Ya el mero amor humano intuye de alguna manera estas realida-
des cuando dice cosas como las de *te amaré siempre*, o *no me separaré jamás de
ti*, por ejemplo, que son expresiones no catalogables fácilmente en la categoría de
simples metáforas. La dificultad con que tropieza el mundo moderno para entender
todo esto se debe a que ha perdido de vista el concepto del amor. A este respecto, creo que la única defensa (con posibilidades de éxito) de la indisolubilidad del
matrimonio hay que hacerla desde esta perspectiva; lo que equivale a decir que el
divorcio debe ser combatido partiendo de la base de una revalorización del verdadero concepto del amor. Si *de facto* muchas Curias han introducido el divorcio (que
es uno de los hechos más importantes, y de consecuencias más imprevisibles, del
catolicismo actual, por más que se esté intentando encubrirlo con el disimulo), se
debe sencillamente a que los eclesiásticos han olvidado el concepto del verdadero
amor, o el verdadero concepto del amor, como se prefiera decir. Lo cual es un hecho
más decisivo e importante de lo que se piensa, por mucho que se procure que pase
desapercibido. Si llegara a producirse el desconocimiento u olvido del auténtico
concepto del amor, se habría llegado a una situación en la que el olvido o el desconocimiento de Dios serían ya una realidad: *El que no ama no conoce a Dios, porque
Dios es amor* (1 Jn 4:8). Lo que aquí está en juego es algo mucho más importante
aún que el sacramento del matrimonio. Lo que está en juego ahora es la idea del
amor e incluso la de Dios mismo.

habría de hacerlo *en la totalidad*. ¿Y de qué otro modo podría darse el Amor Perfecto sino perfecta y totalmente? ¿Ha de verse sometido y limitado el Amor Perfecto, en su decisión de entregarse (de entregarse a su modo, que es lo mismo que decir *perfectamente*) a la persona amada, por las barreras del tiempo? ¿Podemos nosotros imaginar siquiera lo que es un amor destinado a acabarse y perecer? Y si podemos imaginarlo así, ¿no será porque desconocemos lo que es el amor...? Por eso he dicho antes que al ofrecimiento del amor, hecho en estas condiciones, solamente se le puede dar una respuesta, de aceptación o de rechazo, *en las mismas condiciones*.

Así se comprende mejor la *ratio theologica* de la pena de daño, que es lo verdaderamente característico del infierno. La pena de daño no es sino la privación del Amor, pero acompañada por la conciencia de que tal situación es para siempre e irreversible, y de que ha sido libremente elegida además —sigue siéndolo en este instante— por el condenado. El infierno es para siempre en la misma medida en que el amor ha sido rechazado para siempre y definitivamente. Puede decirse, en cierto modo, que la eternidad del infierno es más el resultado de la voluntad humana que de la divina. Por eso Dante, que además de ser altísimo poeta poseía un profundo sentido teológico, leyó en las puertas del infierno la inscripción que nos ha transmitido en su inmortal poema:

> *Giustizia mosse io mio alto fattore;*
> *fecemi la divina potestate,*
> *la somma sapienza e'l primo amore.*[11]

Más difícil parece de comprender la *ratio theologica* de la pena de sentido. Aunque hay que tener en cuenta, sin embargo, que el

---

[11] *La Justicia movió a mi supremo Autor. Me hicieron la divina potestad, la suma sabiduría y el amor primero.* Dante, *La Divina Comedia, Infierno*, Canto III.

hombre es una unidad sustancial, por más que esté compuesto de
cuerpo y de alma; y de ahí que estos elementos sean inseparables de
una manera definitiva. El hombre no puede ser nunca castigado ni
premiado solamente en su alma o solamente en su cuerpo. De ahí la
*necesidad* de la resurrección de la carne, tanto para la posibilidad de
una visión beatífica adecuada al hombre, cuanto para la ejecución de
un castigo eterno igualmente adecuado al hombre (y, por lo tanto,
también en el cuerpo). Es el hombre entero el que se decide por
el amor o el que lo rechaza; puesto que el hombre, cuando ama (o
cuando decide no amar), lo hace como hombre y por lo tanto también
con su cuerpo.[12]

De manera que el infierno y su eternidad, que tanto escandali-
zan a las *teologías de la bondad*, solamente pudieron ser hechos por
un Supremo y Primer Amor que decidió ofrecerse y entregarse al
hombre. Sólo el Perfecto Amor, entregándose en totalidad, y por
lo tanto también para siempre, es susceptible de recibir un rechazo
*perfecto*, que es lo mismo que decir total y definitivo. Una vez más
nos tropezamos con la reciprocidad absoluta del amor. Por eso la
eternidad del infierno no es sino la otra cara de un amor perfecto
que, habiéndose ofrecido en totalidad y para siempre, ha sido rechazado también en totalidad y para siempre. La perfección del Amor
la pone Dios, mientras que la totalidad del rechazo (y por lo tanto

---

[12]El amor puramente platónico, en la medida en que exista realmente, hace
abstracción si se quiere de la pasión, o mejor aún de lo propiamente libidinoso;
pero en modo alguno del cuerpo (desde luego no del cuerpo de la persona amante,
y menos aún del de la persona amada). También en el amor platónico la persona
amada es amada tal como es, y por lo tanto también con su cuerpo. ¿Y cómo
podría ser amada de otra manera...? No olvidemos que estamos dentro del ámbito
del amor humano, en el que el hombre tiene que amar de un modo conforme a
su naturaleza, a saber, *more humano*; aunque luego, elevado por la gracia, pueda
hacerlo también *more divino*. Y lo mismo sucede cuando decide no amar e incluso
cuando decide odiar: siempre lo hace como hombre.

la eternidad del infierno) la pone el hombre; que se hace así capaz de una obra de eternidad precisamente porque le ha sido ofrecido un amor de eternidad. En este sentido, el infierno es obra del poder de Dios en cuanto que solamente Él pudo ofrecerse de esa manera. Pero, una vez que el hombre ha rechazado definitivamente el Amor, el infierno no es sino la eclosión de esa situación. Y resulta difícil imaginar que el problema pueda tener una salida más lógica, o más justa, que la que le ha señalado la misma sabiduría divina. Es comprensible el sentimiento de asombro de Dante ante la inscripción esculpida en las puertas del infierno: *Me hicieron la divina potestad, la suma sabiduría y el amor primero.*

El rechazo del infierno, como he dicho antes, no es sino la consecuencia de la corrupción (o quizá del olvido) del concepto del verdadero Amor. Así es como se ha llegado a una situación en la que el infierno resulta incomprensible. Como el Amor primero es Dios, resulta de ahí que el olvido o desconocimiento de tal Amor equivale al olvido o desconocimiento de Dios. Y como Dios es también la suma Verdad, la ausencia de Dios conduce igualmente a la privación de la verdad. No en vano el Nuevo Testamento relaciona tan estrechamente a la verdad y al Amor: El mismo Espíritu Santo es llamado allí Espíritu de Verdad; el cual, según San Juan, no puede ser recibido por el mundo, porque ni lo ve ni lo conoce (Jn 14:17). Si se tiene en cuenta que San Juan también contrapone el espíritu de la verdad al espíritu del error (1 Jn 4:6),[13] puede suponerse, con bastante fundamento, que no poseer el primero equivale a caer en el segundo. San Juan no se limita a contraponer simplemente la verdad al error, sino que enfrenta *el espíritu de verdad con el espíritu del error*; como si quisiera indicar que, tanto la verdad como la mentira, son algo más que un simple y concreto acto humano. Parece que, para el após-

---

[13] *Ninguna mentira viene de la verdad* (1 Jn 2:21).

tol del amor, la verdad y la mentira son como un espíritu, o como un hálito, que envuelven al hombre y se hacen para él como el aire que respira, convirtiendo todas las obras que realiza en verdad o en mentira. Unos espíritus que incluso pueden ser personificados como el Espíritu de Verdad o el Espíritu del mal, considerado este último por el Señor como el padre de toda mentira (Jn 8:44). De manera que a la verdad se llega por el camino del amor, mientras que a la mentira se llega por el del desamor (o rechazo del amor). La *divina potestad* no habría creado el infierno si no hubiera sido también, y al mismo tiempo, *el Amor primero*, pues el Amor rechazado ha sido antes el Amor ofrecido.

Como puede suponerse, no tengo interés alguno en defender, sin más ni más, la existencia del infierno. Tal cosa, dicha de esa manera, no tendría mucho sentido. Lo que trato de defender es la existencia del amor, y más concretamente la del Perfecto Amor. Lo que sucede es que ambos —el Perfecto Amor y el infierno— se condicionan mutuamente: si existe uno tiene que existir el otro. Pero es probable que, solamente los que sean capaces de creer en el amor (1 Jn 4:16), puedan ser capaces también de creer en lo que significa perderlo definitivamente.

Lo que niegan en último término las *teologías de la bondad* es la necesidad de la búsqueda del Esposo; pues, en definitiva, para ellas todo el mundo es cristiano, aun sin saberlo. Por lo demás, no existe en parte alguna una esposa locamente enamorada del Esposo puesto que, en realidad, tampoco existe la posibilidad de rechazarlo rotundamente: el infierno es una mera posibilidad, por muy real que sea esa posibilidad. ¿Y qué significado tiene la idea de una posibilidad *real* que no es más que *mera* posibilidad? Para estas teologías (que niegan la existencia del pecado mortal, desde el momento en que niegan la posibilidad del rechazo total de Dios y por lo tanto la posibilidad de la condenación), la negación del *no* total no es más que la otra cara de la negación del *sí* total. O dicho esto último con otras palabras: lo mismo que no existe un Amor Perfecto entregándose en totalidad al hombre, tampoco el hombre goza de la capacidad de ofrecer un sí total y completo al Amor. Si eso es así, ¿cómo va a ser entonces capaz de un no rotundo, absoluto y completo, que tenga efectos por toda una eternidad?

Con lo cual la vida cristiana se queda vacía y sin sentido. Ahora ya todo es fácil. No hay nada que buscar ni nada que desear. La aventura del amor ha dejado de ser una aventura en la que el hombre podía arriesgar su existencia. Y *El Cantar de los Cantares* no es más que una colección de cantos epitalámicos, sin otro significado.

> *En el lecho, entre sueños, por la noche,*
> *busqué al amado de mi alma,*
> *busquéle y no le hallé.*
> *Me levanté y recorrí la ciudad,*
> *las calles y las plazas,*
> *buscando al amado de mi alma.*[14]

También quedan desprovistas de contenido tantas y tantas palabras del Señor...

> *Si alguno tiene sed, que venga a mí y beba...*[15]

> *El que pierda su vida por mí, la encontrará...*[16]

---

[14]Ca 3: 1–2.
[15]Jn 7:37.
[16]Mt 10:39.

Si no hay nada que encontrar, ¿para qué buscar? Si no hay nada que entregar, ¿qué sentido tiene ya la vida? Si no hay nada que perder, ¿qué sentido tiene el arriesgar? Si el cristianismo ya no supone esfuerzo, y si el Reino de los cielos no sufre ya violencia ni es de los violentos (Mt 11:12), ¿para qué sirve y en qué consiste...? Las *teologías de la bondad* habrán quizá tranquilizado las conciencias; pero han vaciado de sentido la vida del hombre. Habrán desterrado, tal vez, del horizonte de las preocupaciones del hombre moderno el temor del infierno; pero han dejado también a ese hombre sin el Amor. Colocándose a sí mismas la etiqueta de progresistas y de avanzadas, han hecho retroceder al hombre a la época oscura en la que aún no le había sido anunciado el misterio del Amor Perfecto y la posibilidad de poseerlo. A las *teologías de la bondad* les ocurre con su mensaje lo mismo que a las *teologías de la liberación*. Éstas últimas, que pretenden liberar al hombre de la opresión y de la injusticia (social), ¿qué clase de libertad es la que propugnan en realidad? Puesto que su única filosofía es la marxista, es de suponer que se trata de la libertad y de la justicia que existen en los países comunistas; por cierto bien conocidas en todo el mundo. Pero volviendo a las *teologías de la bondad*: ¿qué clase de bondad y de felicidad pueden proporcionarle al hombre desde el momento en que le han privado del verdadero Amor?

Como todo lo que es producto del Reino de la mentira, tampoco estos caminos pueden conducir al hombre a otra cosa que no sea su perdición. Solamente la verdad, que es la que señala al hombre cuál es la senda de la santidad, es la única cosa que conduce a la plenitud del hombre nuevo. Solamente la verdad libera al hombre (Jn 8:32) y lo lleva a la santidad. Tal como lo pidió el Señor para sus discípulos en el discurso de despedida: *Padre, santifícalos en la verdad.*[17]

---

[17]Jn 17:17.

# LA VIUDA POBRE

Alzando los ojos, vio a unos ricos que echaban sus ofrendas en el gazofilacio. Vio también a una viuda pobre que echaba allí dos moneditas, y dijo: "En verdad os digo que esta viuda pobre ha echado más que todos, porque todos éstos echaron como ofrenda de lo que les sobraba; en cambio ésta ha echado, en su indigencia, todo lo que tenía para vivir."

(Lc 21: 1–4)

# ADVERTENCIA PRELIMINAR

Hace ya bastantes años, y por circunstancias que no hacen al caso, llegó a mis manos un montón de libros y papeles viejos que habían pertenecido, según se me dijo, a un anciano sacerdote, muerto hacía ya mucho tiempo y que yo no llegué a conocer. Dediqué unas horas a hojearlos con cierto detenimiento, con esa esperanzada curiosidad que suele sentirse cuando se escudriñan cosas del pasado. En realidad ninguno de aquellos viejos escritos, en los que la humedad y el abandono hacían más notable su olor a antigüedad, me sirvieron de nada. Por lo que no sentí escrúpulos en deshacerme de ellos, aunque no sin dedicar algunos pensamientos cariñosos y oraciones a aquel desconocido al que extrañamente no he podido olvidar en mi vida. Tal vez influyó en esto último la impresión lastimosa que recibí del final de tantos sacerdotes. Quienquiera que hubiera sido aquel hombre, bueno o malo, santo o mediocre, estaba tan olvidado que nadie, ni siquiera mis donantes, lo recordaba ya. Por entonces yo era un joven bastante idealista que aún no había terminado mis estudios sacerdotales. De donde tuve ocasión, por lo tanto, de comprobar sobre la marcha el destino que me aguardaba; lo que fue una experiencia que me produjo un sustancioso avance en el conocimiento del camino que había emprendido. Sin embargo, lo que más contribuyó a que yo no olvidara nunca a aquel desconocido fue lo que voy a decir a continuación.

Había entre los papeles un viejo manuscrito, formado por pliegos medio sueltos, que me causó la impresión, después de hojearlo brevemente, de que se trataba de un fragmento de algo parecido a una autobiografía o diario; aunque tampoco estoy muy seguro de que fuera precisamente eso. El manuscrito no estaba completo y contenía partes de muy difícil lectura. Pero, como parecía interesante, decidí conservarlo para leerlo con calma cuando tuviera ocasión. Pasaron no obstante bastantes años antes de que un día lo volviera a encontrar por casualidad, perdido entre los pocos libros de lo que yo consideraba, con optimismo de joven, como mi biblioteca. Fue entonces cuando me di cuenta de que se trataba de una meditación, comentario o lo que fuera, sobre el texto de San Lucas, 21: 1–4, que habla de la viuda pobre que depositó su limosna en el Templo. Al fin pude leer el manuscrito, aunque no sin bastante dificultad por lo extraño de la caligrafía y por los muchos tachones, borrones y espacios en blanco que contenía; como apenas utilizaba tampoco los puntos y aparte, tal como suele suceder en algunos manuscritos medievales, me produjo la extraña sensación de que había que leerlo de una vez y casi sin respirar.

El escrito me pareció interesante y decidí trascribirlo, pues me pareció que quizá pudiera resultar beneficioso para alguien, además de a mí mismo. A decir verdad no tuve más remedio que volver a escribirlo enteramente, y además a mi manera (añadiendo alguna nota a pie de página; sobre todo en las referencias de los textos bíblicos, que parecen estar citados de memoria por el autor), pues no era de esperar que, con aquel estilo, hubiera muchas almas heroicas dispuestas a leerlo. Claro que esto tropezaba con dos molestos inconvenientes. En primer lugar, el peligro de que aquello perdiera la frescura y la espontaneidad de lo que parecía ser un discurso escrito a corazón abierto; en segundo lugar, la posibilidad de que alguien pensara que se trataba en realidad de un escrito mío. Respecto a lo primero, pensé que era una tarea que tenía que hacer si quería que alguien leyera el escrito; en cuanto a lo segundo, me tranquilizó el pensamiento de que quizá no sería tan necesario advertir que yo era ajeno a la paternidad de la obra, pues la gente no suele ser tan inadvertida como suele pensarse. De todos modos, por aquello de que siempre hay personas para todo, después de tomar la decisión de dejar bien claro este último punto, me pareció que me quedaba más tranquilo. En realidad no tengo ninguna razón decisiva para pensar que su autor fuera el desconocido dueño de aquellos libros y papeles viejos, ni por supuesto para pensar que no lo fuera. Pero quizá eso sea lo menos importante; pues es precisamente la cosa acerca de la cual el autor puso menos empeño en dejar constancia. Podemos, por lo tanto, dedicar un pensamiento respetuoso a las razones que pudo haber tenido para omitir su nombre, u otros detalles personales, y pasar sin más a leer el fruto de sus reflexiones. Sólo me resta esperar que el aderezo de mis propios comentarios no impida al lector saborear la entrañable y profunda doctrina que contiene el manuscrito.

# I

He de confesar que, cada vez que me pongo a hablar sobre el Evangelio, siento algo mucho peor que eso que suele llamarse, con demasiado eufemismo, temor respetuoso. Lo que en realidad siento es vergüenza; y me atrevo a decir que incluso miedo. Un miedo del que yo espero que no sea sino ese temor del que dice la Biblia que es el principio de la sabiduría.[1] Porque si mi vida está tan alejada de lo que allí se dice, ¿cómo puedo atreverme a predicar...? Sí, ya sé que me queda el recurso de reconocerlo abiertamente delante de la gente, y de avisar de antemano que mi predicación, en lo que pueda tener de denuncia de la debilidad humana, va dirigida a mí antes que a nadie. Es lo menos que puede exigir la honradez. Pero me pregunto si eso es suficiente para quedarme tranquilo. Y lo peor de todo —o quizá lo mejor, porque ¿quién sabe nunca estas cosas?— es que tengo obligación de predicar. Tal como decía San Pablo: *¡Ay de mí si no evangelizara!*[2] Lo que me hace pensar en el misterio de la

---

[1]Pr 9:10.

[2]1 Cor 9:16.

vida cristiana y, sobre todo, en el misterio aún mayor del sacerdocio. Cuando Dios me encomendó esta tarea conocía mis posibilidades, y sin embargo lo hizo. Por eso me pregunto: ¿Por qué...? Desconozco la respuesta, y ni siquiera me parece que tenga derecho a conocerla. Pero es posible que, una vez más, se encuentre aquí escondido uno de esos misterios propios del amor. ¿Esperaba Dios que a pesar de todo yo hiciera esa tarea? ¿O que yo la aceptara a pesar de todo? Tengo la impresión de que estoy tocando fondo en lo más intrincado del misterio del Amor. Hacer lo imposible cuando así nos lo ordenan es cosa imposible; pero intentar por amor hacer lo imposible, cuando es Dios quien nos manda lo que parece imposible, es algo que puede convertir en posible lo imposible (Mc 10:27; Lc 1:37; Mt 17:20). Sin embargo no dejo de sentir cierto temor, puesto que carezco de explicaciones claras sobre esto. Como decía también San Pablo: *No sea que, habiendo predicado a los demás, yo mismo quede reprobado.*[3] Claro que San Pablo lo decía como lo dicen los santos, mientras que yo lo digo como lo dicen los pecadores. Es quizá la única cosa en la que los hombres mediocres llevamos ventaja a los santos; siquiera sea en el sentido de que esa clase de afirmaciones sólo son completamente verdaderas cuando las hacen los hombres como yo.

Esto vale para mí siempre que me pongo delante de cualquier pasaje del Nuevo Testamento. Pero cuando leo el episodio de la infeliz viuda pobre, que ofreció como limosna en el Templo todo lo que tenía para vivir, mi inquietud aumenta más todavía. Experimento un malestar que es aún más intenso que la admiración que siento por aquella mujer. Creo que el episodio evangélico me hace sentirme consternado porque es el que mejor refleja, de alguna manera, lo que ha sido mi propia vida. Me doy cuenta de que yo podría hacer lo que

---

[3] 1 Cor 9:27.

hace la mayoría de la gente cuando lee este texto: ponerme a admirar la generosidad y la confianza de aquella mujer que, según dice el mismo Señor, *en su indigencia echó todo lo que tenía para vivir.* En vez de eso, sin poder evitarlo a pesar de mis esfuerzos, pienso en mi propio caso. Aquella mujer, que padecía necesidad, *dio todo lo que tenía para vivir*; yo en cambio me veo incluido en el grupo de los *que echaban como ofrenda lo que les sobraba.* Me entristezco porque siento dentro de mí la realidad de mi propia vida, tal como es; al mismo tiempo que comprendo que el gesto de la pobre viuda, por el contrario, denota un alma generosa y bastante diferente de la mía.

Aquellos ricos echaban en el Templo *de lo que les sobraba.* Pero las sobras, como todo el mundo sabe, son las cosas que cuesta poco trabajo abandonar o más bien ninguno. Como sobras que son, o desperdicios, *son en realidad las cosas de las que deseamos desprendernos.* Los restos de la comida son arrojados a los animales, y la ropa usada que no sirve se reserva para los pobres o se malvende al trapero. A veces, aunque quizá se trata de algo que aún puede producirnos *cierto provecho* —no mucho en realidad—, renunciamos a ello porque pensamos en la posibilidad de recibir a cambio algún beneficio mayor; como aquellos hipócritas de los que decía el Señor que daban su limosna al son de trompeta *para ser alabados por los hombres.*[4]

Éste es el gran problema de mi vida. En realidad el único, para decir las cosas como realmente son. Porque es evidente que lo que entrego a Dios es justamente la medida de lo que Él significa para mí. Pero, si solamente le entrego lo que me cuesta poco, resulta que Dios no me importa demasiado; podría expresarlo de otra manera diciendo que no me lo tomo realmente en serio. Y sin embargo cada vez veo más claro, ya en el declive de mi vida, que tomarme a Dios

---

[4]Mt 6:2.

en serio *era la única cosa que tenía que haber hecho.* Justamente en la medida en que no lo he hecho así mi vida ha sido un fracaso.

Claro que diciendo esto no está dicho todo, ni mucho menos. Pues no se trata de darle a Dios lo poco o lo mucho, como alguno podría pensar: si es malo darle a Dios lo que cuesta poco, habrá que darle entonces lo que cuesta mucho. Y efectivamente, pues el que entrega mucho demuestra un gran amor: *Por esto te digo que le son perdonados sus muchos pecados, porque ha amado mucho.*[5] Lo cual, aunque cierto, no lo es para una persona como yo, que se ha visto obligada siempre a plantear el problema de otra manera. Mis relaciones con Dios no se han establecido nunca en términos de poco o de mucho, sino como una cuestión de totalidad. Que era exactamente lo que Él esperaba de mí, puesto que era exactamente también lo que yo le había ofrecido.

En el texto paralelo de San Marcos (12: 41–44) se dice que los ricos depositaban limosnas cuantiosas en el gazofilacio del Templo. El mismo empleo de la palabra "ricos", por parte del evangelista, parece indicar la intención de insistir en que se trataba de pingües limosnas. No creo que aquí se pretenda vituperar a los ricos ni recriminar a nadie. Más bien me parece que se trata de *señalar con exactitud el lugar donde se sitúa la verdadera pobreza cristiana,* puntualizando de paso su íntima relación con el verdadero amor. Pues, si bien es cierto que todas las virtudes se fundamentan en la caridad, es evidente que la pobreza depende de ella de un modo especial. El Señor no condena aquí ni a los ricos ni a sus limosnas. Lo único que hace, o al menos así lo creo yo, es ponerse del lado de la viuda pobre: *En verdad os digo que esta viuda pobre ha echado más que todos.* Es indudable que hay mucha gente generosa que le ha entregado a Dios bastantes cosas. Yo mismo, cuando repaso mi vida, puedo contar con

---

[5]Lc 7:47.

una lista relativamente completa. Pero, aunque este hecho tenga importancia para mí, quizá no haya servido más que para apartarme del auténtico problema, impidiéndome comprender la verdad. Temo haberlo utilizado para ocultarme a mí mismo que no le he entregado a Dios lo mejor y lo más íntimo de mi corazón, o aquello que yo consideraba que constituía mi mundo y *mi vida*. Como si yo hubiera decidido, de una manera más o menos refleja, que Dios tendría que conformarse con lo que le daba; y hasta sentirse contento, pues no era poco lo que recibía después de todo.

En cambio me encuentro aquí con una mujer que, a pesar de ser una verdadera indigente según el Señor, entregó como limosna en el Templo todo lo que tenía para vivir. Según lo cual se quedó sin nada para subsistir; sin ningún recurso para seguir viviendo, si es que yo no he entendido mal la narración evangélica. Era su propia vida, por lo tanto, lo que entregaba esa mujer. Y es evidente que el hecho de que de esa forma quedaba reducida a poner toda su confianza en Dios, en la seguridad de que sería escuchada, no quita nada al valor de su acción.

Me pregunto a veces, a propósito de todo esto, si no será mejor ser un indigente a fin de hallarse así en una disposición más proclive a darlo todo. Pues lo que parece deducirse del texto es justamente eso: los indigentes están en mejor situación para hacer realidad esa clase de entrega.[6] Pero, como no deseo que esta cuestión me desvíe del problema principal, me apresuro a recordarme a mí mismo que la indigencia no es todavía la pobreza cristiana. Se puede ser indigente sin ser realmente pobre en sentido cristiano. Lo cual no es obstáculo

---

[6]Quizá sea conveniente advertir, de una vez por todas, que está bastante claro que expresiones y palabras como "darlo todo", "dar la vida", "pobreza", "indigencia", y otras similares, son entendidas por el autor en sentido meramente sobrenatural; sin las connotaciones sociológicas o políticas que les atribuye el cristianismo moderno y que habrían resultado enteramente extrañas para el autor.

para que, de todos modos, sea tan hermoso y deseable el sentimiento de la propia indigencia; como compruebo en mí mismo cuando me veo tal como soy: pobre, desnudo y necesitado. Porque entonces, y sólo entonces, es cuando presiento que me encuentro en el camino que conduce a la auténtica pobreza, a la plenitud de la verdad y, en definitiva, hasta Dios (Ap 3:17).

Lo que entregó esta mujer, por lo tanto, fue nada menos que *su vida*. Desgraciadamente estoy tan acostumbrado a esta última expresión que sospecho que la utilizo como dicen que son los cantos rodados: sin vértices ni aristas. De manera que ya no me resulta tan punzante. Conozco bien el entramado de las cosas que forman *mi vida* y sé lo difícil que resulta desprenderse de ellas. Tal vez por eso, de vez en cuando, en los momentos en que deseo creer que hago lo que debo, tomo unas cuantas de esas cosas y las entrego. Pero siempre tratando de engañarme; porque las doy con una mano al mismo tiempo que escondo la otra, que es la que contiene precisamente aquellas que soy incapaz de abandonar.

Estoy seguro de que esto me sucede por el temor de que, si doy todo lo que tengo, entregando *mi vida* y lo que es el objeto de mi vida, me voy a quedar sin poder vivir. Por eso me resisto a renunciar a todo y por eso me empeño en entender estas cosas a mi manera, que es la mundana, y no a la de Dios, que es la verdadera. Esa debe ser la razón de la tristeza que siento cuando leo cualquier texto del Nuevo Testamento. Una tristeza que reconozco que no va acompañada de amargura ni de desesperanza, aunque sí de nostalgia; y de esas suaves lágrimas que a veces nos hace derramar el amor que aún no es perfecto, o el recuerdo de las cosas que tenían que haber sido y nunca fueron: como el caminante que no llegó nunca, o la crisálida que no llegó a convertirse en mariposa, o las espigas raquíticas y sedientas que jamás dieron grano... En definitiva las lágrimas derramadas por el amor que nunca fue Amor.

He meditado muchas veces las conocidas palabras de San Pablo: *Vivo yo, pero no soy yo el que vive, sino que es Cristo quien vive en mí.*[7] Lo más que puedo decir es que creo presentir algo de la profundidad y de la belleza que contienen. Por supuesto que sé que no debo contentarme con ese presentimiento. El presentimiento supone quedarse a las puertas del sentimiento sin llegar a percibir las cosas como realmente son. Y yo sé que mi destino no está en quedarme a las puertas; ni menos aún en dejarlas cerradas, sino bien abiertas, a fin de que podamos entrar y salir yo y los demás. Y sobre todo para que pueda hacerlo, pronto y fácilmente, Aquél a quien siempre estamos esperando: *Mira que estoy a la puerta y llamo. Si alguno oye mi voz, y abre la puerta, entraré a él y cenaré con él, y él conmigo...*[8] *El que entra por la puerta, ése es el pastor de las ovejas...*[9] *Yo soy la puerta: si alguno entra por mí, se salvará; y entrará, y saldrá, y hallará pastos...*[10] Por eso, y a pesar del temor a quedarme sin poder vivir, como he dicho antes, siempre he sentido la nostalgia y el deseo de hacer mías aquellas palabras de San Pablo según las cuales *ya no soy yo el que vive*; y también de las que dice a continuación: *sino que es Cristo quien vive en mí.* Porque, si fuera cierto que yo había entregado lo que constituía toda mi vida y el objeto de mi vida, y que me había quedado por lo tanto sin poder vivirla porque *la había perdido,* tendría que encontrarla entonces de otra manera. Puesto que de todos modos tengo que vivir mi propia existencia y cumplir con mi propio destino:

---

[7]Ga 2:20.

[8]Ap 3:20.

[9]Jn 10:2.

[10]Jn 10:9.

*Pues ya si en el ejido,*
*no fuere más de hoy vista ni hallada,*
*diréis que me he perdido,*
*que andando enamorada,*
*me hice perdidiza y fui ganada.*[11]

El último verso de la estrofa es en realidad un eco de las palabras del Señor: *Quien pierda su vida por mí la encontrará.*[12] Por eso, si yo también hubiera sido capaz de perderla por amor, la habría encontrado de nuevo; aunque de un modo mejor, como San Pablo, y entonces Cristo *viviría en mí.* Jesús lo prometió así claramente, hablando de la Eucaristía: *Quien me come vivirá por mí.*[13] Habría sido necesario por lo tanto entregarlo todo, cambiando una vida por otra como exige el amor, de tal manera que mi pobre existencia se hubiera convertido en la de Jesús. Se habría hecho así realidad el dicho del Apóstol cuando afirma que *es Cristo quien vive en mí.* Y también el de Santa Teresa:

*Vivo sin vivir en mí,*
*y tan alta vida espero,*
*que muero porque no muero.*

---

[11]San Juan de la Cruz, *Cántico Espiritual.*
[12]Mt 16:25.
[13]Jn 6:57.

## II

Tal como yo lo entiendo, mi problema no es otro que el de
darlo todo y entregar mi vida por amor. Estoy convencido de que
solamente así encontraré mi verdadera vida, según el dicho del Señor:
*El que pierda su vida por mí la encontrará.*[1] Una realidad demasiado
hermosa que sin embargo se me hace difícil. Yo diría incluso que, de
no ser por la fe, pensaría que es imposible de alcanzar.

Y eso no es todo. El paso de los años me ha ido convenciendo
más y más de que tal realidad, no solamente es difícil de vivir, sino
también de comprender. Porque, o bien no llegamos nunca a enten-
derla del todo, o bien la entendemos mal. Me pregunto si es que no
la vivimos porque no la comprendemos, o si es que no la comprendemos porque no la vivimos. Pero, al menos por lo que a mí respecta,
temo que se trata más bien de lo segundo.

Cuando yo era joven meditaba afanosamente la conocida sentencia del Señor: *El que pierda su vida por mí la encontrará.* Y luego
la relacionaba con mi vida: mis proyectos y mis planes de aquellos

---

[1]Mt 16:25.

años, con mi carrera y mi futuro, sin olvidar por supuesto la inmensa afectividad de mi corazón. Me dispuse ilusionadamente a entregarlo todo, convencido de que esa era la adecuada respuesta a la llamada del Señor y de que así ya no quedaba ninguna otra cosa que dar. No me di cuenta de que estaba siendo un ingenuo, hasta que llegó el momento en el que descubrí que la renuncia a aquellas cosas no me costaba demasiado esfuerzo.

Vistas esas cosas desde una buena perspectiva (quiero decir sobrenatural), no eran tan valiosas ni tan importantes como yo imaginaba. Al fin y al cabo, ¿qué podían valer mis proyectos y mis planes de futuro? Poseía la inteligencia suficiente para saber que nunca iba a ser un sabio, y el sentido común necesario para darme cuenta de que, aunque hubiera llegado a serlo, ¿qué es lo que iba a seguirse de ahí que fuera de verdadera transcendencia? Mi carrera, mi vida, mis pensamientos, mis ilusiones y mi corazón andaban dando vueltas por mi cerebro... Afortunadamente yo siempre he sabido de lo que es capaz, y de lo que no es capaz, mi corazón. No me fue difícil llegar a la conclusión, teniendo en cuenta todo esto, de que, siendo tan pequeño y tan pobre como soy, lo que yo pudiera dar o hacer sería siempre y solamente una pequeñez.

Siempre me he sentido asombrado ante lo mal que suele ser entendida la virtud de la pobreza. Me atrevería a decir, empleando un infantil juego de palabras, que tenemos un concepto muy pobre de ella. Nuestra pobreza es tan *pobre* que apenas si tiene nada que ver con la correspondiente virtud cristiana.

Creo que, así como existen virtudes difíciles de disfrazar, como la castidad y la sinceridad, que se viven o no se viven, otras en cambio parecen prestarse al engaño más fácilmente —bien sea ante uno mismo o bien ante los demás—, como le ocurre a la humildad. Sin embargo, cuando se trata de la pobreza, sucede algo singular: a pesar de su extraordinaria tendencia a desnaturalizarse y a ser mal entendida, posee una especialísima aptitud para presentarse con un convincente sello de legitimidad; hasta el punto de que es capaz de pasar por buena y auténtica ante todo el mundo aunque no lo sea.

Cuando yo era joven me maravillaba leer que San Francisco se había desposado con la Hermana Pobreza, aunque no entendía muy bien lo que tal cosa significaba. Al cabo de tantos años estoy empezando a pensar que nosotros hemos preferido confundirla con cosas como la mezquindad, la miseria, y hasta con la falta de generosidad y de corazón.[2] Porque a veces se presenta bajo formas falsificadas y demasiado mezquinas, incapaces de compararse con una virtud que es la más grandiosa de todas, después de la caridad. Tengo para mí

---

[2]El autor no conocía las formas espectaculares y clamorosas que la pobreza ha adoptado en algunos cristianos de nuestro tiempo, especialmente clérigos; con vistas a la pastoral, según dicen ellos, o con vistas a la galería, según dicen otros. Por eso no es raro hoy encontrarse con sacerdotes que pretenden *dar testimonio* haciendo oficios de fontaneros, electricistas, o albañiles.

Por lo que a mí respecta, desconfío de las pobrezas espectaculares y pregonadas a los cuatro vientos. Con intenciones pastorales o sin ellas, la verdadera pobreza es de tal carácter que pasa siempre desapercibida: guste o no guste, a los ojos del mundo es siempre *una pobre virtud* no muy apta para ser aplaudida. La pobreza de Jesucristo, de cuya autenticidad nadie se va a poner a dudar, no fue jamás una pobreza espectacular: vestía elegantemente (Jn 19:23), y su vida era lo suficientemente normal como para tratar sin distingos a unos y a otros; por eso le acusaban de que comía con publicanos y pecadores (Mc 2:15; Mt 9: 10–11; Lc 5: 29–30).

Creo además que la figura del *pobre cura*, sencillo y sin aspiraciones —ni siquiera la de ser conocido—, también es necesaria. Aparte de los oficios de electricidad y de fontanería, a los que son muchos los que se dedican con bastante eficiencia, existen tareas específicas para las cuales es insustituible el sacerdote: como la celebración de la misa, la predicación, la confesión y administración de los otros sacramentos, o la catequesis; por decir algo. Claro que, en estos tiempos nuestros, el que se limita a hacer estas cosas, sin más, es considerado como un pobre hombre. Pero entonces, ¿quién es el verdaderamente pobre...? Sin embargo, lo que el autor dice más adelante parece que viene a darme la razón.

que la pobreza cristiana no consiste meramente en renunciar a algunas de las comodidades que nos ofrece la vida, y aun ni siquiera a todas ellas. No se puede identificar la pobreza con la simple renuncia al dinero, por ejemplo; ni con hacer un viaje en burro cuando podría hacerse en un carruaje; ni con el hecho de irse a vivir en una cabaña, o algo parecido, cuando se podría habitar en casa acomodada. Todas esas cosas, y otras muchas parecidas, podrían hacerse sin que fueran por sí solas virtuosas (1 Cor 13:3). Y por lo tanto sin tener nada que ver con la virtud cristiana de la pobreza.

Me apresuro a advertir, sin embargo, que no tengo nada contra los que hacen algunas de esas cosas, o todas ellas a la vez. Es verdad que, aunque no son todavía la pobreza, pueden conducir a ella; siempre que se tenga en cuenta, claro está, que lo decisivo aquí son las intenciones. Por eso, no solamente me guardaré de decir que son cosas malas, sino que estoy convencido de que todo el mundo es libre para hacerlas si así lo desea; incluso a pesar de los inconvenientes que algunas de ellas pueden acarrear: viajar en burro, por ejemplo, puede ocasionar la pérdida de mucho tiempo y algunos quebrantos para la salud; aunque hay que reconocer que hay gente para todo... De todos modos sería conveniente que los aficionados a tales cosas no se arroguen la exclusiva de la pobreza cristiana; ni que se presenten ante el mundo con una aureola de mártires que en este caso son famosos y aplaudidos. Parece que San Pablo pensaba en algo de esto cuando decía que esas cosas de nada sirven si les falta su justa motivación, la cual no puede ser otra que la del puro amor (1 Cor 13:3).

Me asombro cuando veo que algunos pretenden que la pobreza cristiana consiste en esas cosas. Creo que tal visión de la realidad rebaja el contenido y la grandiosidad de la virtud de la pobreza. Mi asombro es aún mayor cuando oigo que si se hace todo eso es en

favor de los pobres, y que debe llevarse a cabo incluso en menos-
cabo del culto divino. Parece que vamos a terminar celebrando la
misa en vasos de hojalata o de barro, con el fin de deshacernos de
los metales preciosos y ayudar a los pobres con su venta. No creo
que hubiera oposición por parte de nadie si es que se diera el caso,
bastante improbable a mi entender, *de que alguien estuviera pasan-
do hambre por culpa de la dignidad del culto divino.* De todos modos
no pretendo sentar doctrina; pues, no siendo teólogo ni poseyendo
autoridad alguna, me atengo en esto como en todo a lo que diga la
Iglesia. Solamente me permito decir que yo creía que el problema
había quedado zanjado definitivamente con las palabras del Señor,
dirigidas a Judas y a otros que pensaban como él a propósito de este
tema, según un texto de sobra conocido (Jn 12: 1–8). Por lo demás,
no creo que alguien haya pasado hambre jamás por haber tributado
a Dios un culto decoroso; aparte de de que me parece bastante difícil que podamos llegar a honrar a Dios con un culto suficientemente
digno, o tal como Él se merecería.

Estoy seguro —en el caso improbable de que alguien lea estos
pensamientos míos— de que nadie se atreverá a achacarme la in-
genua creencia de que no hay hambre en el mundo. Conozco por
experiencia el hambre y los sufrimientos de los hombres, puesto que
he vivido en algunas de las zonas más difíciles del planeta. He pasado necesidad con mis feligreses cuando no teníamos alimentos para
comer; y he llorado con ellos, viéndolos angustiados por el dolor,
cuando carecíamos de médicos y de medicamentos. Pero estoy en
disposición de decir ante Dios que, cuando eso ocurría, ni pasó jamás
por mi cabeza la idea del buen papel que yo tenía que desempeñar,
ni menos aún la de dar testimonio. Yo sufría con los hijos que me
había dado el Señor simplemente porque los amaba, y porque creía
de buena fe que amaba en ellos a Jesús sufriente, sin plantearme

más cuestiones.[3] Agradezco a Dios la gracia de haber formado parte
alguna vez del grupo de los hombres afortunados que han compartido el hambre y los sufrimientos de sus hermanos. Incluso he tenido
que vivir en ocasiones, durante mi vida sacerdotal, pidiendo limosna

---

[3]Probablemente el autor, si hubiera escrito en nuestro tiempo, habría aprove-
chado la ocasión para hablar del *testimonio* y de otros conceptos semejantes; pero
rechazando el sentido en que hoy se suelen emplear: *Brille así vuestra luz ante los
hombres, para que vean vuestras buenas obras y glorifiquen a vuestro Padre que
está en los cielos* (Mt 5:16). Pero la luz no brilla para que la vean; simplemente
brilla, y los hombres la ven. El cristiano no actúa para que los hombres lo vean y
se convenzan; actúa solamente por amor, que es lo único que convence: *Jesús les
dijo: "Si fueseis ciegos, no tendríais pecado, pero ahora decís: "Vemos", y vuestro
pecado permanece"* (Jn 9:41). Donde queda claro que no es decisivo el mero hecho
de que los hombres nos vean; pues, como dice el Señor también: *Por eso les hablo
en parábolas, porque viendo no ven, y oyendo, no oyen ni entienden. Y se cumple
en ellos la profecía de Isaías que dice: "Escucharéis y no entenderéis, miraréis y
no veréis. Pues el corazón de este pueblo se ha embotado; y han escuchado a duras
penas, y han cerrado sus ojos, no sea que vean con ellos y oigan con los oídos, y
entiendan con el corazón, y se conviertan, y yo entonces los sane"* (Mt 13: 13–15).
Y en otro lugar: *Guardaos de practicar vuestra justicia delante de los hombres para
ser vistos por ellos* (Mt 6:1). Alguien dirá que todo es cuestión de intenciones, y es
cierto; pero la intención se desplaza insensiblemente hacia el lado en el que se pone
el acento. Y ahora se habla demasiado de cosas como el testimonio de la pobreza
y el compromiso con los marginados, con las que todo el mundo está de acuerdo.
Pero se olvida, sin embargo, que ni la pobreza *por sí sola*, ni el el mero hecho de
vivir con los marginados convencen a nadie. La Biblia rebosa de pasajes que de-
muestran que el hombre no se deja convencer fácilmente por lo que ve. No parece
sino que lo único que conduce al convencimiento es el amor verdadero, y no otra
cosa. Tal como sucede con Cristo, en quien la prueba decisiva de la Resurrección
pasa antes por la del amor: la muerte en la Cruz, donde quedan ya muy atrás unos
milagros que, sin ella, no habrían servido de nada. Lo que realmente desea ver el
pueblo cristiano, a mi entender, no es al sacerdote que se hace fontanero para ser
pobre, sino al sacerdote pobre, sencillamente. La figura del sacerdote pobre —como
la del cristiano pobre— es algo demasiado serio; y desde luego no necesita de la
electricidad ni de la fontanería. Conozco a más fontaneros ricos que a sacerdotes
verdaderamente pobres.

para poder comer. Pero no creo que el hambre y los sufrimientos de los hombres vayan a remediarse, ni a disminuirse en lo más mínimo, *rebajando el decoro del culto que se le debe a Dios.*

Siempre he creído, sin pretender que nadie se sienta obligado a opinar lo mismo, que la pobreza es una virtud que sigue en jerarquía a la caridad, y que ambas son igualmente arduas de practicar. Me refiero, claro está, a la pobreza y a la caridad verdaderas. Porque ya he dicho que la pobreza se presta al engaño con facilidad, y no tiene inconveniente en utilizar disfraces y adoptar formas que nada tienen que ver con la auténtica virtud. Es posible que alguien diga que lo mismo le ocurre a la caridad; lo cual es cierto. Al fin y al cabo son dos virtudes que dependen bastante la una de la otra. Por mi parte puedo decir que he pasado la mayor parte de mi vida buscando a Dios como he podido; cayendo aquí y levantándome allá; y es ahora, al final, cuando estoy comprendiendo que tal búsqueda no es otra cosa que una lucha por vivir la pobreza. No he tenido otro sueño en mi vida que el de dárselo todo a Dios. Y doy gracias a su bondad por no haber caído nunca en el desaliento, a pesar de haber tenido que comprobar tantas veces que mi sueño no se convertía nunca en realidad. Dios me ha hecho comprender, sin embargo que quizá todo forma parte del mismo juego; en el sentido al menos de que la evidencia de mi miseria me ha otorgado un sentimiento de indigencia que no anda muy lejos de la auténtica pobreza. Al fin y al cabo la pobreza es una mísera virtud; tan escasa de adornos, de abalorios, y de reclamos que, no solamente suele pasar desapercibida, sino que apenas nadie la considera apetecible ni deseable. ¿Quién se siente a gusto, por ejemplo, al lado de los miserables...? Y en esto precisamente se diferencia la pobreza de la humildad. Porque ésta última simplemente pasa desapercibida, incluso para sí misma (sobre todo para sí misma); mientras que la pobreza es una virtud despreciada y poco deseable, y más aún *desde que su primer marido se desposó con ella en la cruz*, como solía decir San Francisco de Asís. Creo que llegaré al final de mi vida convencido de que mi pobreza no ha consistido jamás en otra cosa que en no haber conseguido ser pobre, a pesar de haberlo deseado siempre. De nuevo aquí las cosas dependen una vez más del corazón de Dios; pues también la pobreza, después de todo y como gracia que es, es una cuestión de amor.

He dicho antes que mi vida no ha sido otra cosa que una búsqueda de Dios. Y que esa búsqueda ha resultado ser una lucha por vivir la pobreza. Lo mismo que les sucedía a los ricos que iban al gazofilacio del Templo, tampoco a mí me ha costado mucho entregarle a Dios lo que me sobraba. Sin embargo siempre supe que el auténtico problema y su solución no estaban en eso, sino en algo mucho más difícil, adonde me sentía incapaz de llegar si tenía que contar solamente conmigo. Porque no era cuestión de entregar meramente las sobras, sino de renunciar al conjunto de cosas que formaban la urdimbre de *mi vida*. No importaba que fueran cosas grandes o pequeñas, y hasta estoy por pensar que las cosas menudas se resistían con más fuerza a abandonarme; puesto que las grandes ya las había entregado en totalidad, o eso pensaba yo. En realidad era *mi vida* la que tenía que entregar. Aunque, claro está, y tal como le sucede a todo el mundo, yo veía que me costaba demasiado desprenderme de ella y morir a mí mismo: lo cual es justamente aquello en lo que consiste la verdadera pobreza.

De ahí el peligro de los sucedáneos, del que antes he hablado. Aparentemente todo es cuestión de irse a vivir a un barrio pobre, de viajar en una mala diligencia o en los carromatos trotamundos de Santa Teresa (y de pasar malas noches en malas posadas, como hacía la Santa), de ir vestido como mendigo o de otra forma extraña para llamar la atención de la gente, o de tantas y tantas cosas que no vale la pena enumerar. Algunos de mis hermanos sacerdotes dicen que es necesario hacer eso a fin de demostrar que somos iguales a los demás. A veces sospecho, sin embargo, que la gente preferiría ver que somos diferentes. De todos modos quizá sea verdad que esas cosas son buenas, aunque yo encuentro en ellas un defecto radical con respecto a la pobreza; el cual consiste en que apuntan a una *pobreza brillante* cuando la pobreza es cualquier cosa menos brillante: pues por eso es precisamente la pobreza. Por eso pienso si no será todo esto un pretexto para no abordar el problema con seriedad. Afortunadamente no me compete a mí juzgar las intenciones (Mt 7:1). Como cristiano que soy me esfuerzo en suponer que son buenas, sin que me cueste demasiado conseguirlo. Lo único malo es que con eso no queda resuelto el problema, pues las intenciones pueden estar equivocadas y hacer mucho daño a las almas. Y luego está, además, mi cuestión personal.

Estoy convencido de que la pobreza no consiste en tener más o menos bienes, o en gozar de mejores o peores comodidades. Por eso no podría quedarme tranquilo con irme a vivir a un barrio pobre, por ejemplo, y pensar *que ya está todo*. Tampoco creo que entregar todos mis bienes en alimentos a los pobres fuera suficiente, por poner otro ejemplo; pues de todos modos podría ocurrirme, según dice San Pablo, *que no me sirviera de nada* (1 Cor 13:3). Parece, en efecto, que el Apóstol pensaba de esta manera y no le daba demasiada importancia a la simple materialidad de las cosas. Decía de sí mismo: *Sé vivir en la pobreza y en la abundancia; estoy acostumbrado a todas y cada una de estas cosas: a la hartura y a la escasez, a la riqueza y a la pobreza. Todo lo puedo en Aquél que me conforta.*[4] De donde se deduce que, para él, tanto la pobreza como la riqueza, *a pari*, solamente pueden ser sobrellevadas en Aquél que nos conforta. Y

---

[4]Flp 4: 12–13.

quizá está aquí la clave de todo. Creo que la pobreza, virtud excelsa entre las virtudes, es algo más serio, más difícil, y más hermoso de lo que corrientemente se piensa.

He estado leyendo el tratado *De Perfectione Vitæ Spiritualis*, de Santo Tomás de Aquino. En el capítulo sexto he encontrado un luminoso pasaje, a propósito de este tema, que no renuncio a transcribir aquí:[5]

"Los primeros por abandonar, entre los bienes temporales, son los bienes exteriores, ordinariamente llamados riquezas; que es lo que aconseja el Señor en Mateo XIX, 21, diciendo: *Si quieres ser perfecto, ve, vende todo lo que tienes y dáselo a los pobres; y tendrás un tesoro en el cielo: y ven y sígueme*: y la utilidad del consejo se muestra a continuación...

"En segundo lugar, queda patente la utilidad de dicho consejo por las palabras que el Señor dice después: *Porque es difícil que un rico entre en el reino de los cielos* (verso 23). Y la razón de ello es, según San Jerónimo, *porque es difícil despreciar las riquezas que se poseen. No dijo: Es imposible que un rico entre en el reino de los cielos, sino que es difícil: y donde se habla de dificultad no se pretende la imposibilidad, sino que se afirma que es raro que ocurra*. Y, como dice el Crisóstomo en *super Matth.*, el Señor procede después a mostrar lo que es imposible cuando dice: *Es más fácil que entre un camello por el ojo de una aguja que un rico en el reino de los cielos* (verso 24). De las cuales palabras, según dice Agustín

---

[5]La extensa cita de Santo Tomás que viene a continuación está escrita en latín en el manuscrito, de forma casi ilegible en algunos lugares, por lo que he tenido que acudir al mismo texto del santo para traducirla. Lo he tomado de la edición de Marietti (1954), y solamente he tenido que corregir la cita del manuscrito en algunas expresiones de poca importancia; a excepción del curioso error del número del capítulo, que no es el sexto, como dice el autor, sino el séptimo.

en el libro *de quæst. Evang.*, los discípulos dedujeron que todos los que ansían las riquezas se encuentran en el número de los ricos: pues, de otro modo, como los ricos son pocos en comparación con la multitud de los pobres,[6] no hubieran preguntado los discípulos: *¿Entonces quién podrá salvarse?*

"De estas dos sentencias del Señor se deduce claramente que entran difícilmente en el reino de los cielos los que poseen riquezas: porque, como dice el mismo Señor en otra parte (Mt XIII, 22), *los cuidados de este siglo y la seducción de las riquezas sofocan la palabra de Dios y queda sin fruto.* Es imposible que entren en el reino de los cielos los que aman desordenadamente las riquezas, mucho más que un camello entre por el ojo de una aguja, tomándolo literalmente: esto último es imposible, porque repugna a la naturaleza; mientras que aquello repugna a la justicia divina, que es más fuerte que cualquier naturaleza creada."

Y no resisto a la tentación de interrumpir por un momento el texto de Santo Tomás para saborear y admirar su exégesis. Es una bocanada de aire limpio, un torrente de clara inteligencia y una enorme cantidad de sentido común. Algo muy diferente de las exégesis que andan por ahí, las cuales, o bien son demasiado técnicas, asequibles sólo para expertos (aunque a veces sospecho que no dicen nada; quizá porque yo no soy experto y no las entiendo), o bien son demasiado sosas, dulzonas y fútiles, destinadas seguramente a viejas y aburridas beatas. Esto en cambio es el Evangelio leído sin prejuicios y con amor; con deseo sincero de conocer lo que dice el Señor, cuyas palabras, según Él mismo, son espíritu y son vida. Espíritu y vida por lo tanto; y no investigaciones técnicas de eruditos (disección de un cadáver sin vida) que no logro saber para lo que sirven. Me sonrío pensando en lo que dirían ciertos entendidos que leyeran

---

[6]Lo cual era mucho más cierto todavía en el tiempo en que escribía San Agustín.

esto, de los que estoy seguro que me aplastarían con sus razones
*científicas*. Afortunadamente no estoy escribiendo para ellos ni para
nadie, sino para decirme a mí mismo lo que pienso. Y, desde luego,
sigo creyendo que para comprender el Evangelio hay que leerlo con
amor. Iba a escribir *con mirada limpia*; pero, como no existe nadie
que pueda alardear de mirada limpia, resultaría entonces que nadie
podría leerlo. Por eso creo que aquí basta con la buena voluntad y el
deseo sincero de escuchar a Dios. Lo que es suficiente *pero también
necesario*. Pienso a veces, con respecto al Evangelio, que quizá no
sea tan importante ser bueno o malo (yo desde luego no soy bueno)
*cuanto luchar sinceramente para hacerlo vida en nosotros*. Estoy seguro de que el Evangelio era el alma de su vida para Santo Tomás, y
por eso lo entendía. Y lo que no es menos importante: por eso lo en-
tendían los demás cuando él lo predicaba. En cuanto a las homilías
predicadas por nosotros, tan hermosas y tan pletóricas de oratoria
(nunca he entendido muy bien esa expresión de *oratoria sagrada*[7]),
me da la impresión de que no dicen nada: ellas van por un lado y
la gente por otro. Como ocurre con las líneas paralelas, jamás se
encuentran ni coinciden nuestros discursos con los problemas reales
de las almas. Lo que se debe tal vez a que el Evangelio no se hace
vida en nosotros (ni lo meditamos en la oración ni nos crucificamos
con él), y por eso nuestras difuminadas peroratas, demasiado levan-
tadas del suelo al mismo tiempo que demasiado alejadas del cielo,
no coinciden casi nunca con la vida real. Por eso no interesan a la
gente, que cada vez nos escucha menos. Yo sentí desde niño, ya antes
de mi primera comunión, un gran amor por Santo Tomás, aunque

---

[7]Nuestro autor no entendía lo que se llamaba en su tiempo oratoria sagrada
porque tenía más de oratoria que de sagrada. Y a mi parecer tiene razón. La de
nuestro tiempo ha cambiado con respecto a aquella, y seguramente se ofendería si
fuera llamada así. La diferencia consiste, entre otras cosas, en que ahora tampoco
tiene ya nada de oratoria.

no consigo recordar el porqué de aquello. Ahora comprendo que se trataba simplemente de que Dios me amaba demasiado y quiso concederme la gracia de un gran amor por la verdad. Pero ya es hora de dejar el paréntesis y seguir con el texto del santo, a fin de tomar de nuevo el hilo de mis digresiones sobre la pobreza y la viuda pobre del evangelio:

"De lo cual se deduce claramente, sigue diciendo Santo Tomás, la razón del consejo divino: pues el consejo se da con respecto a lo que es útil, según aquello del Apóstol en la II a los Corintios, VIII, 10: *En esto os doy consejo: porque es útil para vosotros.* Pero es más útil, para conseguir la vida eterna, abandonar las riquezas que poseerlas: ya que, los que poseen riquezas, difícilmente entran en el reino de los cielos, porque es difícil no dejarse atar por el afecto a las riquezas poseídas; que es lo que hace imposible la entrada en el reino de los cielos. Por lo cual el Señor aconsejó saludablemente como útil el abandono de las riquezas.

"Podría objetar alguno, sin embargo, que Mateo, Bartolomé y Zaqueo poseyeron riquezas, y sin embargo entraron en el reino de los cielos. Lo que resuelve Jerónimo diciendo que *hay que tener en cuenta que, por el tiempo en que entraron, ya habían dejado de ser ricos.*[8]

"Sin embargo, puesto que Abrahán nunca dejó de ser rico, sino que murió en posesión de sus riquezas, de tal modo que las dejó a sus hijos en el momento de la muerte, según se lee en el *Génesis*, parece que, según lo dicho antes, no fue perfecto; cuando el Señor

---

[8]Con todos los respetos, me parece una ingenuidad por parte de San Jerónimo. Ignoro lo que pensaría sobre esto el autor del manuscrito, si es que cayó en la cuenta de ello. En cuanto a Santo Tomás, aborda la cuestión con más seriedad, como vamos a ver a continuación.

le había dicho, sin embargo, según se lee en el Génesis XVII, 1: *Sé perfecto.*

"Por lo tanto la cuestión no puede resolverse si se hace consistir la perfección de la vida cristiana en el simple abandono de las riquezas. Porque entonces se seguiría que el que poseyera riquezas, no podría ser perfecto.[9] Pero, si se consideran cuidadosamente las palabras del Señor, se ve que no pone la perfección en el mero abandono de las riquezas; sino que muestra que esto no es otra cosa que un cierto camino de perfección, como se deduce del modo mismo de hablar cuando dice: *Si quieres ser perfecto, ve, y vende todo lo que tienes, dáselo a los pobres, y sígueme*: es decir, como si la perfección consistiera en el seguimiento de Cristo, mientras que el abandono de las riquezas no es más que una vía de perfección: por lo cual dice Jerónimo, en *super Matth.*, que *porque no basta con abandonar las cosas es por lo que San Pedro añadió: Y te hemos seguido.*"

Hasta aquí el texto de Santo Tomás que he traído a colación. Del que parece deducirse que lo verdaderamente importante es el seguimiento de Cristo, y que la pobreza no es sino el camino para llegar a ello. Dando por supuesto que la pobreza de que aquí se habla es la pobreza cristiana, que es la verdadera pobreza. Una pobreza mucho más seria, más difícil y más hermosa de lo que pretenden los que quieren manipularla. ¡Pobre y desgraciada pobreza, tan maltratada *desde que su primer marido se desposó con ella en la cruz...!*

---

[9]Me parece que lo importante aquí no es tanto el fundamento escriturístico del que parte el santo, cuanto la doctrina cierta que establece con palabras seguras y terminantes: *La cuestión no puede resolverse si se hace consistir la perfección de la vida cristiana en el simple abandono de las riquezas.* Y sobre todo lo que dice a continuación, como ahora veremos, donde es aún más de admirar la seguridad doctrinal y la libertad de prejuicios del santo. Como va a subrayar el autor del manuscrito, para Santo Tomás no está la perfección en el abandono o no abandono de las riquezas, *sino en el seguimiento de Cristo*, aunque lo uno ayude a lo otro.

Aunque yo diría que ahora la pobreza, más bien que despreciada es falsificada; que es quizá mucho peor. Con todo, sigo pensando que es la virtud más bella después de la caridad. O tal vez son las dos igualmente bellas porque en el fondo vienen a ser la misma cosa. Pues no se puede ser verdaderamente pobre sin amor, y no se llega al verdadero amor sin la pobreza. Por eso creo que la auténtica y verdadera pobreza es tan difícil de practicar, y tan bella, como el verdadero amor. De eso voy a intentar escribir a continuación.

# III

Ya he dicho que la pobreza consiste para mí en renunciar a lo que constituye el "entramado" de mi vida. Un "entramado" que no es sino el Señor y los hijos que Él me ha encomendado. Nada más. Yo diría incluso que toda mi vida es el Señor, puesto que mis hijos también se los debo a Él. Son el mejor regalo que de Él he recibido, como prenda de su amor, y los amo con el mismo amor con que lo amo a Él. Si ahora son míos también es porque son suyos; y ya se sabe que el amor pone en común todas las cosas.

A pesar de mis caídas y desfallecimientos, que han sido muchos, mi vida no ha tenido nunca otro objeto que Jesús. Cuando me sentía cerca de Él, vivía de la alegría de su presencia y del temor de perderlo; cuando me sentía lejos, me angustiaba con la tristeza de su ausencia y con la nostalgia de su cariño. El Señor me concedió la gracia, siendo yo todavía muy joven, de comprender que el único sentido de mi vida no podía ser sino Él mismo. Siempre supe que había nacido para amar y para ser amado, y no tardé mucho en darme cuenta de que ningún ser puramente humano podría colmar

las ansias de ternura de mi corazón. Y no tuve necesidad de apren-
derlo a través del desengaño o del fracaso. Desde mi juventud amé
intensamente a cuantos me rodearon, aunque sospecho que nadie
llegó a percatarse de tal cosa. Al mismo tiempo que seguía buscando. Buscaba siempre, por más que estaba convencido de que nadie
iba a corresponder al amor que yo otorgaba de la manera como yo
lo otorgaba. Continué así hasta que encontré al Señor; y con Él la
alegría y el sentido de mi vida. Por fin, por primera vez en mi vida,
mi corazón se sentía colmado.

Pasaron los años. Nunca olvidaré el día en que le dije al Señor
que aceptara mi vida, la cual consistía precisamente en Él mismo.
Le ofrecí nuestra mutua amistad: la que yo tenía con Él y la que
Él tenía conmigo. Junto con la amistad le ofrecí también nuestro
mutuo cariño: el que yo sentía por Él y el que Él sentía por mí. De
esa forma le entregaba yo lo que constituía la alegría y el sentido
de mi vida. Todo lo que me hacía sentirme feliz, incluido el gozo de
saber que Él también era feliz conmigo.

Creo que fue un ofrecimiento sincero. Estoy en condiciones de
asegurar que, cuando lo hice, yo estaba convencido de que ya no
me quedaba ninguna otra cosa que dar. Todas las otras cosas, a las
que ya había renunciado, me parecían ahora demasiado pequeñas.
Mis planes de niño y de adolescente, la ilusión por mi carrera, las
amistades y afectos de juventud, la alegría del amor humano vivido
en el matrimonio... Todo lo que antes era mi mundo y que yo había
entregado generosamente, movido por el amor.

Pero lo de ahora era diferente. Lo que yo entregaba en aquel
momento, que fue tan decisivo para mí, no era mi vida, *sino la suya*, la de Jesús. Me resulta muy difícil escribir sobre todo esto; pero
voy a intentar al menos clarificar mis pensamientos y relatarlos según el orden en que ocurrieron las cosas. Yo *sabía* lo que significaba

aquello; tal como lo sé ahora también, aunque me resulte imposible describirlo. Los generosos deseos de mis años juveniles, por aquellos tiempos en los que yo deseaba entregar mi propia vida, no eran difíciles de comprender. Bellos y felices recuerdos de juventud. Le había dado al Señor absolutamente todo. Era yo demasiado joven aún cuando empecé a darme cuenta de que la única y verdadera alegría de este mundo es la que procede del amor perfecto, o aquella que se recibe en contrapartida cuando se entrega todo. Ahora comprendo que resulta muy fácil ser generoso de ese modo, puesto que es mucho más lo que se recibe que lo que se da. Por aquel entonces me sentía tan feliz que era incapaz de ver que aún me quedaba algo por entregar: la felicidad que había recibido por haberlo entregado todo. Porque, aunque es verdad que siempre se puede llegar a más en todo, de una manera o de otra, eso es más cierto aún en el amor. Yo incluso diría que el amor consiste justamente en avanzar, cada vez más, hasta un final que nunca acaba de ser final.

Ya he dicho antes que el único fundamento de mi vida lo constituían el Señor y los hijos que Él me había dado. Era todo lo que yo tenía y no deseaba otra cosa, puesto que, teniendo eso, lo poseía todo. Hasta que descubrí que ahí precisamente radicaba el problema. Porque, si ahora lo *tenía todo* —después de haber entregado las cosas que formaban el universo de mi vida—, no era todavía un verdadero pobre y un auténtico indigente. Estaba claro que yo era más bien un rico, desde el momento en que es un hecho indudable que la pobreza no consiste en otra cosa que en una *verdadera indigencia*.

Pero voy a ir por partes, a fin de trasladar al papel mis pensamientos lo más claramente posible en la medida en que sea capaz de recordarlos. Primero fueron mis hijos, pues fue después cuando me tocó quedarme también sin Él...

Había meditado muchas veces el texto de San Juan: *Tanto amó Dios al mundo que le entregó a su Hijo Unigénito.*[1] Siempre pensé que no cabía mayor demostración de amor por parte de Dios, pues no creo que exista amor más grande que el de un padre o el de una madre por sus hijos. Bien es verdad que, según el Señor, *nadie demuestra más amor que el que da la vida por sus amigos,*[2] pero esto no es sino una confirmación de lo dicho. Para un padre, sus hijos son sus mejores amigos, y mucho más que sus amigos, ya que son nada menos que sus hijos. La figura de Abraham, disponiéndose a sacrificar a su hijo para cumplir el mandato de Dios, es realmente grandiosa. Por eso me impresionaron siempre tanto las palabras del Señor: *El que ama a su hijo o a su hija más que a mí no es digno de mí.*[3]

Ahora que me encuentro ya en el ocaso de mi vida, me doy cuenta de que el verdadero objeto de mi lucha con el ángel de Jacob (o sea, con Dios) han sido siempre mis hijos. Ellos son lo único que he tenido en mi vida. Dios me pidió en mi juventud que le entregara lo que tenía, y yo lo hice. Entonces Él, cumpliendo lo que había prometido (Mt 19:29), me regaló a mis hijos. Un regalo a lo divino que dio como resultado que ellos y yo nos amáramos *hasta el fin.*[4] Estoy seguro de que no nos habríamos amado tanto si ellos hubieran sido mis hijos según la sangre. Hasta entonces había yo ignorado que los seres humanos pudieran amar y ser amados de esa manera. Fueron ellos para mí verdaderos *hijos,* auténticos *hermanos* y sinceros *amigos.* Todo a la vez, y en sumo grado. A veces he pensado que eso era lo que Dios hubiera querido para todos los padres e hijos del mundo,

---

[1]Jn 3:16.

[2]Jn 15:13.

[3]Mt 10:37.

[4]Jn 13:1.

aunque rara vez lo he visto hecho realidad en las familias que he conocido. Pero conmigo no ha sido así. Aunque nunca dudé de la promesa del Señor, he tenido ocasión de comprobarla en mi propia vida de la manera más maravillosa que yo hubiera podido imaginar. Como no soy teólogo, ignoro si, a semejanza de la Trinidad, la forma más perfecta de amor que le ha sido otorgada al hombre es la del amor paterno–filial. En cambio estoy seguro de que amé a mis hijos intensamente y de que ellos me correspondieron de la misma manera. Fueron muchas las veces que derramé lágrimas pensando que no les habría dado nada aunque les hubiera entregado mi vida. Y además, puesto que es evidente que mi vida nunca ha valido la pena, presiento que llegaré al final y moriré con el deseo de haber podido ofrecer otra más auténtica y valiosa.

A pesar de todo, aquello fue hermoso. Ellos y yo pensábamos igualmente que entregarnos mutuamente nuestras vidas —yo a ellos la mía y ellos a mí la suya— era como no entregar nada. Pues nuestro amor, como verdadero que era, deseaba darlo todo. Aunque sabíamos, sin embargo, que aún seguía siendo imperfecto. Pues, como quería amar hasta el fin y no podía hacerlo, de ahí que le pareciera que amaba poco; y, como quería entregarlo todo y no lo lograba, de ahí que pensara que no entregaba nada. Y en realidad teníamos razón. Sólo Dios puede amar con amor perfecto; y sólo Él, por lo tanto, puede darlo todo y recibirlo todo. Pero de todos modos recuerdo aquello con inmensa alegría. Gracias a mis hijos, y a pesar de mi mediocridad, mi vida ha transcurrido en el amor y ha sido una vida de amor; incluso cuando mi amor era imperfecto y se extraviaba, aún seguía siendo mi vida una búsqueda del Amor total. Un Amor total que siempre tuvo conmigo el tierno cuidado de llevarme de nuevo al buen camino cuando era necesario.

Por eso he dicho antes que el amor a mis hijos fue mi lucha constante del Ángel con Jacob. Ellos fueron siempre mi única y sola posesión. Dios me colmó de felicidad a través de ellos y yo no tenía ni deseaba otra cosa. Aunque siempre los amé con el mismo amor con que amo al Señor; no solamente porque era Él quien me los había dado, sino porque solamente tengo un corazón y una única alma. Nunca he creído que se pueda amar de maneras distintas, puesto que el amor es único y procede de una misma fuente. A pesar de todo, como ya he dicho, mis hijos son la única cosa por la que he tenido que luchar duramente en mi vida. Y ahora que me encuentro ya al final de ella comprendo que todo ha sido un truco de Dios. Pues el amor posee también un particular repertorio de trucos que utiliza con frecuencia. No hay más que leer la historia de amor narrada en "El Cantar de los Cantares" para comprenderlo. Por eso sospecho que Dios me hizo soberanamente rico, por medio del espléndido regalo de mis hijos, movido por alguna curiosa razón que sin duda es amorosa. Me inclino a pensar que el Señor hizo conmigo lo mismo que ya había llevado a cabo consigo mismo: me hizo rico para que pudiera ser pobre (2 Cor 8:9). Dicho con otras palabras, me dio a mis hijos para que fueran míos y así pudiera yo dárselos a Él.

Creo poder asegurar que nunca me resistí a entregarlos. Lo cual no quiere decir que no tuviera que luchar para hacerlo, incluso librando batallas que no siento empacho en calificar de heroicas. Ha sido la única y auténtica lucha de mi vida y la que ha llenado y configurado mi existencia. A veces pasó también por mi mente la idea de que la prueba era demasiado cruel y dolorosa. Pero ahora comprendo que los hombres somos mezquinos y no utilizamos mucho la inteligencia. No me daba cuenta de que, como he dicho antes, Dios me había hecho rico para que yo pudiera hacerme voluntariamente pobre; o como dice San Pablo: *para que yo me pudiera enriquecer con su pobreza.*[5] Si Él quería que yo fuera realmente pobre tenía que hacerme verdaderamente rico; bastante rico, a fin de que yo pudiera llegar a convertirme por amor en un pobre de solemnidad. Si Dios quería que yo amara del todo al Todo, tenía que darme algo que yo valorara como el Todo y se lo pudiera ofrecer. Solamente así podría yo entregar todo al Todo y conseguir el perfecto Amor.

Quiero añadir en favor mío que nunca pensé que Dios deseara robarme a mis hijos. Bien sabía yo que eran suyos y que era Él quien me los había dado. Pero había algo más, que yo entonces solamente presentía y que ahora con los años he comprendido por fin. Me refiero a que el amor lo entrega todo y lo recibe todo, puesto que al fin y al cabo funciona a través de la reciprocidad. Por eso era necesario que yo lo entregara todo si quería poseer de verdad a mis hijos. Solamente que ahora los poseería en el corazón de Dios, que es el único lugar en donde se poseen de verdad todas las cosas: *Deus meus et omnia.* Y todavía hay algo más. Por fin caí en la cuenta de que el problema no consistía en poseer o en conservar a mis hijos, desde el momento en que el amor lo da todo y no piensa en recibir nada a cambio..., como no sea a la persona misma del Amado.

Por lo visto hay que hacerse viejo para comprender ciertas cosas. Por eso me sonrío cuando oigo hablar de la pobreza con ideas indudablemente raquíticas. Se habla de las riquezas y del dinero, de los bienes y de las comodidades, de la fama, de la honra, del poder..., y de tantas cosas más como si fuera verdad que cuesta tanto renunciar a ellas. Y a lo mejor es verdad, puesto que son tan pocos los que lo hacen. Pero es increíble que se haya podido llegar a pensar que la pobreza consiste en la mera carencia de esas cosas. Creer que la pobreza consiste meramente en carecer de comodidades, de honra

---

[5] 2 Cor 8:9.

o de dinero, es una necedad. ¿Cuántos habrá habido en el mundo que no han tenido eso y sin embargo nunca han sido pobres...? A una cosa que vale poco, o quizá nada, se le otorga arbitrariamente el mayor valor; después se da por establecido que todo consiste en renunciar a ella... y ya tenemos la pobreza. De esta manera, al contrario de lo que he dicho antes, no hace falta ser muy rico para poder ser pobre; cualquier miserable de espíritu puede adjudicarse a sí mismo con seguridad el título de pobre. Y sin embargo eso no es bastante y de ninguna manera suficiente. Bien claro se deduce de los datos de la Biblia: hay que ser verdaderamente ricos para poder hacerse verdaderamente pobres.

He escrito deliberadamente la frase *hacerse pobres*. Porque la pobreza, como todas las virtudes, es una realidad que se va haciendo y creciendo en la vida del cristiano. Por supuesto que las virtudes se reciben con la gracia; lo que no impide que haya que trabajarlas después mano a mano con Dios. Al fin y al cabo las virtudes son hábitos, y los hábitos —también éstos— tienen que *hacerse* antes de poder llevarlos puestos. La peculiaridad consiste aquí en que estos *hábitos* son tan especiales que tiene que confeccionarlos el mismo que pretende utilizarlos. Cualquier otra pobreza no es la pobreza cristiana, sino miseria; de la clase que sea, pero miseria. Por eso ha sido posible que un mundo acostumbrado a la manipulación y a la mentira haya confundido a los verdaderos pobres con los miserables. Y no me refiero a los indigentes o a los mendigos cuando hablo de miserables, sino a los que han hecho de la pobreza una coartada productiva para sus vidas. No han entregado nada, o tal vez muy poco, y sin embargo no han vacilado en otorgarse a sí mismos con ostentación el título de pobres. Algunos de ellos se han proclamado paladines de los pobres sin haber conocido nunca la pobreza. También suelen decir que se hacen pobres con el fin de dar un testimonio de pobreza ante el mundo; lo cual significa, por lo que parece, que se trata de una pobreza para ser proclamada, conocida y admirada. En contra de lo cual está el hecho innegable de que la pobreza jamás procura exhibirse. Puestos a decir la verdad, lo único que podría mostrar la pobreza es su desnudez, por no decir que no mostraría absolutamente nada. Y si no tiene nada que mostrar, ¿qué es lo que pretende proclamar? Ya veo que hay muchos que pregonan su pobreza y consiguen ser considerados y aclamados. Pero la verdadera pobreza, puesta a no tener, no tiene honra ni tampoco fama, ya que no le preocupa en absoluto ser contemplada, estimada o admirada. Ni es eso lo que busca, puesto que en realidad no busca ni pretende nada.

La pobreza no se cuida de ser conocida ni anda buscando honra o deshonra. Sería disminuirla creer que consiste meramente en el despojo de cosas que, al fin y al cabo, no tienen mucho valor. Pues ella ha renunciado absolutamente a todo. Y en primer lugar a sí misma, que es lo mismo que decir que ha renunciado a su propia vida, a su propia carne y a su propia sangre. En este sentido, por lo que a mí respecta, que me siento padre en Cristo, mi carne y mi sangre eran mis hijos, y por eso me pareció que era necesario renunciar a ellos para hacer realidad mi propia entrega. A semejanza del Señor, que entrega su Cuerpo y su Sangre en la Eucaristía convirtiéndolos en verdadera comida y en verdadera bebida.

Los hijos... Y me refiero a los míos, claro está, tan buenos y amados. Por supuesto que para poder entregarlos es necesario tenerlos primero, tal como ocurre siempre con el negocio del dar y del entregar, puesto que nadie da lo que no tiene. Por eso he repetido tantas veces que la pobreza ha de pasar por la riqueza si quiere llegar a convertirse en auténtica pobreza. Dicho con otras palabras, es necesario primeramente ser rico para poder llegar después a ser pobre.

Hay quien se limita a dar pequeñas cosas, o a decir que las da —tal vez porque no tiene otras más importantes que dar—, y jamás llega a ser pobre. Pues la pobreza cristiana que, como todas las virtudes ha de ser completamente *voluntaria* y libremente querida, ha de tener además como objeto algo que se posee de verdad *y que vale la pena*. Consiste en el voluntario despojo de algo que, como es lógico, se tiene previamente como propio, y sin que quede reducido tampoco a la entrega de una limosna miserable. La pobreza no puede ser otra cosa que el abandono de todo hasta la entrega eucarística de sí misma, a fin de hacerse así, por puro amor, comida y bebida para alguien.

Partiendo del supuesto de que yo entendía así las cosas, era evidente que no podía haber pobreza para mí sino a través de la entrega de mi vida. De mi propia carne y de mi propia sangre, que era tanto como decir de mis propios hijos. Y, como nunca fui partidario de engañarme a mí mismo, supe en todo momento que, otra cosa que no hubiera sido eso, habría significado entregarle al Señor las sobras. Justamente lo contrario de lo que hizo en el Templo la viuda pobre, *que dio, en su indigencia, todo lo que tenía para vivir*.

Y ahora me doy cuenta, mientras escribo todo esto, del camino que es necesario recorrer para llegar hasta donde se encuentra la pobreza cristiana. Un camino que pasa por tres lugares clave: haber recibido mucho primero; reconocerse como absolutamente indigente; y entregarlo todo, incluido lo que sería necesario para vivir. O sea, y para que quede claro: riqueza, indigencia, y pobreza. Extraño y casi incomprensible camino, como parece que son siempre los caminos de Dios.

Quizá alguno podría preguntar lo que hubiera sucedido si yo no hubiera sido rico primeramente. Si Dios no me hubiera concedido el gran regalo de mis hijos, ¿dónde habría estado entonces ese singular

camino de riqueza, indigencia y pobreza? Dado que al fin y al cabo
la viuda pobre del Templo se limitó a echar una pequeña moneda
porque no tenía otra cosa, ¿dónde se encontraba la riqueza de esta
mujer?

Ante todo es evidente que *Dios tenía que hacerme rico si que-*
*ría que yo llegara a ser pobre*. Y como en efecto lo quería, Él me
habría enriquecido de alguna otra manera si no me hubiera dado
a mis hijos. Estoy convencido de que todos los hombres han sido
destinados a poseer la auténtica riqueza. En cuanto a la viuda del
Templo, que no tenía sino una vil moneda, no cabe duda de que era
inmensamente rica a pesar de todo, pues poseía lo más envidiable
que los hombres podrían desear. Me refiero a su generosidad, que
quedó demasiado patente cuando entregó con su acción *todo lo que*
*tenía*. Y cuando se entrega lo que se tiene, absolutamente todo lo
que se tiene, ¿realmente importa mucho la cantidad? ¿Acaso puede
ser valorado el amor por medio de medidas y de cantidades?

Reconozco sin embargo, a pesar de lo que he dicho hasta ahora,
que cuando le hice a Dios entrega de mi vida —mis propios hijos—,
como oblación de todo lo que poseía —o todo lo que creía poseer—,
estaba todavía lejos de la auténtica pobreza. Hubo un momento en
el que pude vislumbrar que la pobreza cristiana estaba aún lejos,
y que yo no había hecho sino comenzar el camino. Comprendí que
la verdadera pobreza, la olvidada y desconocida pobreza, apuntaba
todavía mucho más alto. Que era una virtud tan insondable y profunda como el camino del auténtico amor. La virtud más próxima y
más afín a la caridad. Pero entonces...

Entonces creo que es ahora cuando puedo empezar a pensar en la
verdadera pobreza. Porque hasta ahora he estado escribiendo acerca de *mi pobreza*, que a nadie preocupa y de la que todo el mundo
sabría —si la cosa valiera la pena de saberse— que no es sino una

*infeliz pobreza.* Para hablar de la verdadera pobreza *hay que hablar de la pobreza de Cristo,* puesto que la mía sólo puede ser auténtica en la medida en que lleve su sello. Pero esto lo descubrí más tarde, después de haber contemplado la pobreza del Cristo desnudo y abandonado en la Cruz. ¡Hermosa pobreza, desposada con su primer marido en la cruz, y luego con los santos...! Cantada a la vez que repudiada, recordada a la vez que olvidada, y ensalzada a la vez que desconocida, siempre fue amada por los verdaderos enamorados. Por aquellos que entendieron que el amor, en último término, no es sino la entrega y el despojo de todo lo que se posee en favor de la persona amada.

# IV

Comprendí que me encontraba en un momento crucial de mi vida al darme cuenta de que aún poseía algo que podía entregar a Dios. Era lo único que me quedaba y lo que yo consideraba como más importante, o aquello en lo que siempre había soñado y lo que dotaba a mi vida del más profundo sentido. Fue el momento más *decisivo y fundamental* de mi existencia.

Me pareció que, edificando sobre el fundamento seguro de la pobreza, había encontrado al fin el verdadero sentido de mi vida. Como temas de fondo había dos que yo poseía en sobreabundancia: la alegría —la Alegría total— y el amor —el más grande, el único y Perfecto Amor—. Al poseer el verdadero Amor y, como consecuencia lógica, al gozar también de la Alegría perfecta, me sentía con toda razón como poseyéndolo Todo. Y entonces entendí que, puesto que lo tenía, podía entregarlo.

Temo que no voy a poder decir mucho, porque tendría que hablar de cosas que me siento incapaz de explicar. Por ejemplo, de la Alegría total y del perfecto Amor. Pero definitivamente me resulta imposible escribir sobre esos temas. Tengo la impresión de que mis ideas y sentimientos se niegan a ser expresados, a pesar de estar ahí, en la cabeza y en el corazón, tan claros e intensos y tan al alcance de la mano.

Por aquellos tiempos... ¿Cuántos años? No lo sé exactamente, y sólo recuerdo que son muchos. Yo me sentía feliz, bien convencido de que lo había entregado todo. Estaba enamorado y no habría sido capaz de desear ninguna otra cosa. ¿Para qué, si lo tenía todo? Lo había dado todo y ahora resultaba que yo poseía al Todo. Jesús era también para mí la vida (Flp 1:21) y, por lo tanto, lo mucho que aún me quedaba: Él era mi Vida, mi Amor, y mi Alegría total. Fue entonces cuando, con enorme ilusión y no pequeño atrevimiento —las generosas imprudencias de los años jóvenes—, le dije al Señor que también estaba dispuesto a darle eso.

No es posible dudar de que el mío fue un amor exaltado. Con un modo de comportarse, por lo tanto, fácil de predecir. Porque ese amor —el verdadero amor—, o bien no reflexiona cuando se trata de dar, o bien, si acaso lo hace, es para entregarse más todavía. Mi ofrecimiento era tan sincero como son los sentimientos de los verdaderos enamorados. Aunque la verdad es que nunca creí que iba a ser escuchado, y precisamente porque era demasiado lo que yo entregaba. ¿Qué puede dar o recibir el hombre a cambio del Amor? Y, si llega a entregar el Amor, ¿acaso puede dar algo más? Y, después de entregado el Amor, ¿hay algo que pueda recibir a cambio? ¿Se puede dar "Eso" sin recibir nada, y quedarse así sin nada?

> *Que es fuerte el amor como la muerte,*
> *y son como el sepulcro duros los celos.*
> *Son sus dardos saetas encendidas,*
> *son llamas de Yavé.*
> *No pueden aguas copiosas extinguirlo,*
> *ni arrastrarlo los ríos.*
> *Si uno ofreciera por el amor toda su hacienda*
> *sería despreciado.*[1]

---

[1]Ca 8: 6–7.

Sin embargo mi Amor era tan grande que lo habría entregado de todos modos, incluso aunque hubiera sabido lo que entonces aún no sabía.

Lo que entonces ignoraba era que Dios, más loco que yo todavía, era capaz de aceptarlo, como así lo hizo. Han pasado los años, con sus correspondientes acontecimientos y sufrimientos, y ahora lo entiendo mejor. Me refiero sobre todo a los sufrimientos provocados por la ausencia. ¿Cuántos son capaces de comprender que el único sufrimiento verdadero es el producido por el sentimiento de la ausencia del Amado? ¿Y acaso podía el verdadero Amor dejar de aceptar una donación total, que en realidad entregaba al Amor mismo, después de la cual ya no significaría nada cualquiera otra?

> *Si uno ofreciera por el amor toda su hacienda*
> *sería despreciado.*

Por otra parte aparecía aquí una dificultad en cuanto al concepto del amor como donación y entrega en perfecta reciprocidad. Puesto que lo entregado en este caso era *el Amado mismo*, ¿qué otra cosa se podría o se querría recibir a cambio? Se entregaba el Todo sin esperar recibir *nada* a cambio. Era una donación motivada por una locura de amor y por la cual se entregaba, como lo único y lo mayor que se tenía, al Amado mismo. Con lo cual llegamos al punto en el que el Amor es ya solamente donación, entrega y puro Don; algo así como si ahora se prescindiera, en una especie de abstracción, de toda consideración de reciprocidad. Tal como sucede en Dios, donde el Amor es puro Don que se entrega, sin esperar ni necesitar nada a cambio. Y aquí es donde el amor deja de ser humano para convertirse en divino, pero con un aditamento que lo hace más divino todavía: pues, siendo puramente divino, le es ofrecido al hombre para que lo posea como propio.

Solamente así puedo comprender lo que hizo la viuda pobre del
Evangelio, cuando echó en el cepillo del Templo todo lo que tenía
para vivir. ¿Cómo podría vivir ahora...? Lo más probable es que
ella no supiera la respuesta y que tampoco se planteara la pregunta.
El amor no hace previsiones acerca de las posibilidades de mejorar
de vida, y ni siquiera de seguir viviendo. Tan sólo desea entregarlo
todo, sin pensar en lo que vaya a suceder después. Si acaso ha de
vivir entre esperas y nostalgias, tal como nos ocurre a nosotros, es
porque es todavía un amor imperfecto. Para el amor la vida no puede consistir en otra cosa que en perderla, *entregándola ahora* y sin
pensar en nada más (Mt 10:39). He escrito deliberadamente y despa-
cio la frase "sin pensar en nada más" porque me parece que quedan
ya muy lejos ciertas formas de pobreza que no son verdaderas. Yo
hablo aquí solamente de la hermosa y difícil virtud de la pobreza
cristiana. Siendo la virtud más próxima al amor, no entiende de otra
cosa sino de entrega y de desposorios. Desposorios auténticos que
conducen a los amantes a la palestra de un amor desafiante, dispuesto a entregarlo todo sin esperar nada a cambio.[2] ¿Quién puede dar
más, estando dispuesto a la vez a recibir menos? ¿Quién conseguirá
hacerse más pobre para ser capaz de amar más?

*Ya sabes que las zorras tienen guaridas y las aves del cielo nidos,
pero el Hijo del hombre no tiene dónde reclinar su cabeza.*[3] Estas
palabras del Señor, dirigidas a uno que quería seguirle, me han hecho
reflexionar mucho a lo largo de mi vida. El Hijo del hombre no tenía
dónde refugiarse ni dónde acudir para reposar la cabeza. Y, puesto
que estas palabras iban dirigidas a un aspirante a discípulo, es lícito
pensar que constituyen una consigna para todos los que pretenden

---

[2]Creo que el autor alude aquí al texto del Cantar 2:4: *Me ha llevado a la sala
del festín; y la bandera que ha alzado contra mí es bandera de amor.*

[3]Lc 9:58.

seguirle seriamente. Durante mis años jóvenes, en los que yo pensaba con tanta ilusión en mi vida sacerdotal, estas palabras me llenaron siempre de alegría. Eran para mí como una meta para el futuro y no podía imaginar que el sacerdocio tuviera sentido de otro modo. Las interpretaba como la exigencia de una entrega total a Dios y a los demás. Creía comprender que, dado lo fuerte de la expresión del Señor, reforzada con la alusión a las alimañas y las aves del cielo, no podían referirse simplemente a cosas como la renuncia al propio reposo o algo parecido; pues eso las convertiría en un eufemismo que privaría a la frase de su punzante significado y de su tremenda fuerza. Por lo que a mí respecta evocaban la idea de una renuncia total que incluía la propia paz, la propia alegría, y hasta la propia santidad en el caso de que la hubiera tenido.

Ahora que ya soy viejo me siento a gusto escribiendo esto, pues veo claramente que aquellas intuiciones de generosidad juvenil estaban en lo cierto. Ésta es justamente la gran alegría del cristiano y de un modo especial la del sacerdote. Mientras que cualquiera —y al decir esto me refiero absolutamente a todos, incluidos los pájaros del cielo y las bestezuelas de la tierra y sin olvidar a los más míseros del universo— posee por lo menos lo más elemental, aunque no sea mas que un lugar para cobijarse, el verdadero discípulo de Jesucristo no tiene ni siquiera eso. Paradoja por paradoja, aquí está la gran alegría del sacerdote. Él no tiene derecho ni siquiera a su paz ni a su alegría, pues su oficio propio consiste en entregarlo todo; no puede pensar en gozar de la paz, de la alegría, del reposo, o del descanso, por la sencilla razón de que *no tiene dónde reclinar la cabeza*. Pero al mismo tiempo es bien capaz de dar todas esas cosas y además sin medida, puesto que es el único hombre del mundo que puede dar lo que no tiene. De la misma manera que puede iluminar, aunque él se vea obligado a ir recorriendo su camino en la obscuridad de la fe; hablar claro y con firmeza de cosas que para él no son sino un balbuceo; y sanar, aunque él mismo no posea la salud. *La paz os dejo, mi paz os doy; yo no os la doy como la da el mundo.*[4] Cuando transmite la paz o la alegría no son su propia paz y su propia alegría las que transmite, *sino las de otro*, que fue quien se las entregó a su vez para que las repartiera a manos llenas. Por eso puede hacerlo. De este modo, y siempre dentro del misterio de la paradoja cristiana, es como el sacerdote encuentra su propia paz y su propia alegría, *con tal de que antes se haya quedado sin ellas por haberlas entregado a los demás*. Por eso el discurso de despedida del Señor es en buena parte un discurso prometedor de la alegría para los discípulos: *Vuestra tristeza se convertirá en alegría.*[5] De ahí que el misterio y la maravilla de la aporía cristiana —que no es otra cosa que la grandeza de un misterio que nos transciende— hayan sido aprovechados por los partidarios de la mentira y los fabricantes de ambigüedades para ofrecer una pobreza falsa como si fuera la verdadera. Se presentan como pobres, aunque en realidad no lo son, y el mundo los aclama como tales y como paladines de los marginados, olvidando que la verdadera pobreza *nunca fue aplaudida por nadie*. San Francisco de Asís consuma su pobreza muriendo desnudo en el desnudo suelo, rodeado de los pocos discípulos que le quedaban y contemplando como su Orden, con la que tanto había soñado, era sustituida por otra más *razonable* y más de acuerdo con los criterios del mundo. El verdadero discípulo del Señor es bien consciente de su pobreza y de su indigencia, y no cabe duda de que está en la verdad. Pero por eso mismo no proclama nada. ¿Qué es lo que podría proclamar, sabiendo que la pobreza es *nada*? Menos mal que, una vez más y como siempre, los pensamientos de Dios no son

---

[4] Jn 14:27.

[5] Jn 16:20.

los de los hombres. La auténtica pobreza del verdadero discípulo es contemplada por Dios tal como es y en *toda* su realidad. Por eso se ha podido decir que quizá la verdadera pobreza del discípulo de Jesucristo es vista por Dios como riqueza: *Conozco tu tribulación y tu pobreza (aunque en realidad eres rico), y la blasfemia por parte de los que se dicen judíos y no lo son, sino que son más bien una sinagoga de Satanás. Nada temas por las cosas que has de sufrir.*[6]

Ahora me doy cuenta por fin, después de tanto tiempo, de que la verdadera pobreza es solitaria. No me refiero al hecho de que, por ser desagradable y despreciada, nadie o casi nadie la acepta como compañera, sino a algo tan serio y tan profundo como hermoso. La auténtica pobreza es solitaria porque sufre el dolor de la mayor soledad que cabe imaginar: la de haber perdido al Amado, *que era su único bien.*

Creo que me estoy acercando al corazón de la pobreza, o a aquel lugar en donde se siente la ausencia de lo que constituye para uno la propia vida. Jesús, que cuando se sentía solo e incomprendido de la gente, y hasta de sus discípulos, llegó a decir en alguna ocasión: *Pero yo no estoy solo, porque el Padre está conmigo,*[7] tuvo que exclamar cuando estaba clavado en la cruz: *Dios mío, Dios mío, ¿por qué me has abandonado...?*[8] Es el momento preciso en el que la pobreza adquiere el rango de hermosa virtud y en el que le es otorgado un nuevo sentido. Un sentido que a menudo pasa desapercibido o no es comprendido, dada la conocida dificultad de la naturaleza humana para entender lo que es demasiado grande y demasiado bello. Después de esto, ante el abandono en que Jesús se siente en la cruz

---

[6]Ap 2: 9–10.

[7]Jn 16:32.

[8]Mt 27:46.

por parte del Padre, ¿qué pueden significar para nosotros todas las demás nostalgias y todos los otros abandonos del mundo...?

Pienso en el abandono e indigencia en los que ha transcurrido mi pobre vida, ya que no puedo decir *mi vida pobre*, y que no han consistido en otra cosa que en la ausencia del Señor. Claro que, comparados con el abandono e indigencia del Señor en la cruz, es fácil reconocer entre ambos la misma distancia que la que existe entre mi amor a Jesús y el amor de Jesús a su Padre. Como decía aquella estrofa de San Juan de la Cruz:

> *¿Adónde te escondiste,*
> *Amado, y me dejaste con gemido?*
> *Como el ciervo huiste*
> *dejándome herido;*
> *salí tras ti clamando y eras ido.*

Es de suponer que el poeta se refiere aquí al abandono en que él mismo se sentía, aunque sin excluir el mío y el de todos los hombres que saben que están lejos de Dios. Un abandono humano con fundamento divino, aunque tan diferente y tan distinto del abandono de Cristo en la cruz.

De todos modos es también un abandono, que consiste precisamente en un doloroso sentimiento de ausencia del Amado. Yo he vivido con ese sentimiento durante casi toda mi vida, y estoy convencido de que es la única cosa que conduce a la verdadera pobreza. Pues quedarse sin el Todo es lo único que deja al hombre sin Nada. Ninguna otra cosa de la que se desprenda, o de la que sea despojado, hará de él un verdadero pobre. Pero entregar libremente la riqueza infinita, por amor, coloca al que lo hace en situación de infinita pobreza. Por eso el Señor es el único verdaderamente Pobre entre los pobres (2 Cor 8:9), y el único capaz también de hacer compartir a sus discípulos su infinita pobreza.

> *En el lecho, entre sueños, por la noche,*
> *busqué al amado de mi alma,*
> *busquéle y no le hallé.*[9]
>
> ............
>
> *Dime tú, amado de mi alma,*
> *dónde pastoreas,*
> *dónde sesteas al mediodía.*[10]

Siempre me ha emocionado el episodio de los Hechos en el que se cuenta la curación del cojo de nacimiento, por San Pedro y San Juan, ante la Puerta Preciosa del Templo.[11] Me llenan de admiración las palabras de San Pedro: *Plata y oro no tengo; pero lo que tengo eso te doy: en el nombre de Jesucristo Nazareno, levántate y anda.* Y me asombra el increíble poder concedido a la virtud de la pobreza. Como decía San Juan de la Cruz, por la nada al todo. Es evidente la necesidad de no tener nada para poder hacer grandes cosas y para estar dispuesto a entregarse enteramente. San Pedro no habría sido capaz de curar a aquel inválido si hubiera poseído oro o plata.

De todos modos siempre me ha parecido detectar en este episodio una pequeña —aunque maravillosa— incongruencia. San Pedro hace alarde, a pesar de todo, del poder extraordinario que ponía a su disposición la increíble riqueza del nombre de Jesús, con el que podía hacerlo todo. Yo en cambio no dispongo del poder del nombre de Jesús; ni de su Persona; ni de su amor.

---

[9]Ca 3:1.

[10]Ca 1:7.

[11]Hech 3:1 y ss.

He pensado muchas veces en los personajes miserables y desgraciados que aparecen en el Evangelio. En el paralítico de la piscina Probática, que llevaba más de treinta años esperando que alguien lo arrojara a tiempo en la piscina para conseguir curarse.[12] En el ciego de Jericó, que se arrojó llorando a los pies del Señor, gritando: *¡Jesús, Hijo de David, ten compasión de mí!*[13] Y en tantos otros infelices que, sin embargo, probablemente tenían o tienen todavía alguien o algo adonde acudir. Yo en cambio, ¿qué es lo que tengo? No poseo ninguna bondad especial, ninguna cualidad brillante, ningún mérito —ni extraordinario ni ordinario—, ni tampoco hecho alguno en mi vida que merezca la pena de ser contado. No puedo alardear del pequeño y diario heroísmo en el que transcurre la vida de un buen sacerdote, y menos aún de aquella santidad que tanto ilusionó mi juventud pero que ahora no veo por ninguna parte.

Dicen que los viejos vivimos de recuerdos. Quizá por eso viene ahora a mi memoria el día en que, aprovechando la intimidad y la soledad de la oración, le dije al Señor ante el sagrario:

—Me gustaría, Señor, tener algo para ofrecerte y no verme obligado a acudir a tu lado con las manos vacías... Alguna buena acción; algún sacrificio; algunos trabajos; o algunos méritos ganados para ti por amor...

Y mi oración me hacía sonreír, al mismo tiempo que imaginaba lo que seguramente el Señor me hubiera podido contestar:

—Si poseyeras méritos Yo tendría que amarte teniéndolos en cuenta. Mi amor sería en cierto modo una *justa correspondencia*, y hasta correría el riesgo de distraerse con la estimación de tus obras. De esta manera en cambio solamente tengo que amarte, dedicándo-

---

[12] Jn 5: 1–9.
[13] Mc 10:48.

me a ti sólo, puesto que no hay otra cosa que considerar. Y recuerda siempre que no me interesan tanto tus méritos cuanto tu corazón.

Cuando yo era todavía adolescente, en plena primavera de mi vocación, produjeron viva impresión en mi alma las palabras que San Pablo dirigió a los de Corinto: *Mirad, hermanos, vuestra vocación; pues no hay entre vosotros muchos sabios según la carne, ni muchos poderosos, ni muchos nobles. Dios eligió, más bien, lo necio del mundo para confundir a los sabios, y lo débil del mundo para confundir a los fuertes; lo vil y lo despreciable del mundo, lo que no es, para destruir lo que es, para que ninguno se gloríe delante de Dios.*[14] Yo sabía que estas palabras estaban escritas también para mí, puesto que no podía dudar de que el Señor me había llamado. Pero las entendía mal a causa de mi juventud. Pensaba que se referían a una cierta debilidad estimada como tal por el mundo, o a la carencia de ciertos valores propios de alguna especie de Orden de Caballería y de los que yo no iba a necesitar, ya que estaba bien convencido de iba a poseer otros mejores. Nunca hubiera imaginado que San Pablo se refería a una *debilidad auténtica y real.* Y tan real... Como que yo, mejor que considerarla como debilidad, la llamaría más bien carencia absoluta, desnudez, e indigencia total. Precisamente las cosas que me habrían asustado, y dado al traste quizá con mi vocación, si entonces lo hubiera comprendido todo.

Por eso ahora, ya en el ocaso de mi vida, llegado el momento de conducir la cosecha al granero y guardarla, siento grandes deseos de dirigirme al Señor haciendo mías las palabras de San Pedro: *Maestro, hemos estado bregando toda la noche y no hemos pescado nada.*[15] Porque la verdad es que no hay tal cosecha. Mis hijos no son el resultado de mi apostolado, sino un *puro regalo* de Dios. En vez de

---

[14]1 Cor 1: 26–29.

[15]Lc 5:5.

los frutos que yo esperaba recoger, solamente veo en mí una pobreza
y una necesidad que me hacen pensar que nunca he sabido responder
al Amor con generosidad. Y siento deseos de llorar, por el dolor que
me produce el convencimiento de haber defraudado a Dios.

Pero por la bondad de Dios me encuentro muy lejos de la amargura. Yo diría más bien que me siento situado en el lugar más opues-
to a ese sentimiento. Si tuviera que empezar de nuevo, sabiendo de
antemano lo que ahora conozco de mi vida, no dudaría en hacerlo. Y
además, aunque no sé por qué ni sabría explicarlo, le doy gracias a
Dios porque hizo de mí un sacerdote inútil. A veces, sin embargo, en
los momentos de claridad que de vez en cuando iluminan mi existencia de anciano, acuden a mi mente con fuerza las palabras del Señor:
*Yo os he destinado para que vayáis, y deis fruto, y vuestro fruto per-
manezca.*[16] Y aunque no acabo de entenderlo, estoy seguro de que el
Maestro las pronunció también para mí. Al fin y al cabo fue Él quien
me eligió, quizá no tanto para dar fruto cuanto para responder a su
amor. O acaso tal vez existan —¿quién lo sabe?— muchas formas
de responder al amor, y de dar fruto, que son desconocidas para mí.

No lo sé pero no me preocupa demasiado. Ya he dicho que mi
tristeza está mucho más cerca de la felicidad que de la amargura. Me
siento más feliz que nunca y no me importa en absoluto haber hecho
el camino de la vida en solitario, siempre buscando a Aquél que yo
sabía que era el único capaz de proporcionarme una compañía agradable y de llenar mi corazón. Ya he dicho que la verdadera pobreza
es solitaria. Por eso ahora, llegado a este punto, puedo hablar de
uno de esos descubrimientos que solamente consiguen alcanzar los
que llevan encima el peso de los muchos años. Puesto que la pobreza
es solitaria, y puesto que está tan vinculada al amor, teniendo en
cuenta además que en el amor todo es reciprocidad, resulta según

---

[16]Jn 15:16.

esto que ha de ser compartida igualmente por la persona amada. Por lo tanto, como todo lo que sucede en el amor, la soledad y la nostalgia están llamadas también a formar parte de la existencia del Amado. San Juan de la Cruz lo intuyó sabiamente en la belleza de su inefable poesía:

> *En soledad vivía,*
> *y en soledad ha puesto ya su nido,*
> *y en soledad la guía*
> *a solas su querido,*
> *también en soledad de amor herido.*

De donde, si yo he vivido en soledad y nostalgia, es porque también lo ha hecho el Amado. Si mi pobreza consiste en un despojo total es porque participa, siquiera sea de algún modo, del despojo y del abandono de Cristo en la cruz. Si la pobreza es la entrega de todo por amor, incluido el amor del Amado, es porque ella no es sino otro nombre del amor o en todo caso su consecuencia: del Amor verdadero, si es que se trata de la Pobreza verdadera. Por eso la pobreza está destinada, lo mismo que el amor, a esperar su consumación definitiva en la Patria.

Lo que me hace concluir que la pobreza es tan eterna como el amor mismo (1 Cor 13: 8.13), al mismo tiempo que me veo obligado a plantearme una pregunta. Pues, según esto, ¿en qué ha de consistir la pobreza una vez que el amor se vea consumado en el Cielo? Y, aunque es evidente que no puedo imaginar una respuesta, creo de todas formas que, llegado ese momento, el amante y el Amado alcanzarán la plenitud de su mutua pobreza en la totalidad definitiva de la entrega recíproca. Por fin, y definitivamente, cada uno de ellos se entrega enteramente al otro, *sin reservarse nada*. Con lo que todo queda reducido para ambos a pura donación, que es en lo que vienen a convertirse tanto el uno como el otro. Al fin y al cabo el Amor es pura donación o puro Don. En la cual mutua donación, que es única —puesto que el Amor es único y el mismo para ambos, hasta el punto de que es producido a la vez por ambos—, se hacen los dos una sola y misma cosa, aunque permaneciendo cada uno de ellos como el *otro* en la identidad de su propia persona. Con lo cual se hace realidad para cada uno de ellos la donación, no sólo de sí mismo, sino también la del otro. Gracias a eso, por medio de esa mutua donación y entrega, se encuentran poseídos cada uno de los amantes, por misterioso milagro del Amor, por un doble amor hacia el otro. Lo cual no podía ser de otro modo desde el momento en que el amante no puede darle al Amado nada mejor que el mismo Amado, ni el Amado puede darle al amante otra cosa mejor que su Amor por él: *Para que el amor con que tú me amaste, oh Padre, esté en ellos y yo en ellos.*[17] Ahora es cuando me doy cuenta, después de tantos años, de que Jesús quería darme su propio Amor y de que eso es lo que hizo. E igualmente comprendo también por fin unas palabras de San Pablo que siempre me parecieron misteriosas: *El amor de Dios se ha derramado en nuestros corazones por el Espíritu Santo que nos ha sido dado.*[18] Si Dios es Amor, porque es Trinidad —y es Trinidad porque es Amor—, es entonces infinitamente rico; pero porque ha sido antes infinitamente pobre. O tal vez es al revés y mi fórmula no acierta a expresar la realidad. De todos modos creo que aquí están expresadas la donación total del Padre al Hijo, así como la del Hijo al Padre, en el Espíritu Santo. Y sea de ello lo que fuere no me cabe duda de que Dios es infinitamente Pobre, puesto que es la total Simplicidad, que es en lo que viene a traducirse justamente la infinitud del Ser. De tal manera que su Pobreza, que es entrega

---

[17]Jn 17:26.
[18]Ro 5:5.

absoluta y libremente querida, se convierte en Donación o en Don. Por eso Dios es Amor. Un Amor que porque lo entrega Todo lo recibe también Todo. Y por eso puede decirse también, con toda verdad, que Dios es infinitamente Rico y el único verdaderamente rico.

Temo, sin embargo, que me he "divertido", como decía Santa Teresa, y me parece que el cansancio me va a obligar a dejar por hoy la escritura. Aunque no sin antes hacer constar de nuevo, aquí y ahora mismo —sin dejarlo para mañana, porque ya no confío en mi memoria—, que me siento feliz de haber sido un pobre hombre: ¡Quién sabe si gracias a eso, compadecido de mí, Dios no me concederá algún día la gracia de llegar a ser un hombre pobre...! Pero no quiero hacerme demasiadas ilusiones. Posiblemente el sacerdote no pueda pretender otra cosa que la de ser un pobre hombre. En realidad lo ignoro. Pues es un hombre que lleva demasiada carga sobre sus hombros: la de todas las iglesias (que decía San Pablo), la de todos los hombres, y la de todos los pecados del mundo. Aunque sí, también es cierto y ya lo sé, porque lo recuerdo bien: *Mi yugo es suave, y mi carga ligera...*[19]

Pero eso es cuando se ama al Señor, claro está. Mientras que yo no sé si alguna vez habré llegado a amarlo de verdad. Solamente puedo estar seguro de que me habría gustado quererlo. Con toda mi alma, eso sí. O tal vez con todo mi amor...

---

[19]Mt 11:30.

# EPÍLOGO

Aquí termina, o se interrumpe, el manuscrito. Ignoro si se trata de lo primero o de lo segundo, pues los restantes pliegos que componían el legajo estaban en blanco, y mi búsqueda entre los otros papeles viejos que lo acompañaban resultó infructuosa.

Recuerdo que, cuando terminé de leerlo por primera vez, volví a atar con sus propios hilos amarillentos los polvorientos papeles, y estuve pensativo un buen rato mientras me enjugaba unas lágrimas que me corrían por las mejillas.

Reconozco que quedé sorprendido por la extraña idea que yo había tenido de la pobreza hasta aquel momento. Una idea bastante mezquina, desde luego. De esas triunfalistas, al modo humano, que están tan lejos del auténtico triunfalismo del Evangelio. Lo cual me hace pensar que nunca vamos a terminar de comprenderlo. Nuestra tendencia a rebajarlo y a limarle aristas, convirtiendo su contenido en algo más cercano a esos pensamientos nuestros de tan cortos alcances, nos impide comprender su grandeza y percatarnos de su belleza.

Porque, fuera quien fuese el autor de aquel escrito, algo había quedado claro en mi mente. Fue alguien que vivió la pobreza de la más dolorosa de las carencias: la de Jesús; o la del Amado, como dice él. Alguien que, a pesar de haber caminado durante toda su vida en angustiosa nostalgia, causada por la ausencia de Dios, no se cansó nunca de buscarlo. Pero eso sí: fueron nostalgias y ausencias que transcurrieron siempre, a pesar de todo, en la más absoluta fidelidad. Porque eso es lo que se desprende con claridad de todo el manuscrito, y sobre todo de sus últimas páginas. Creo que esa ausencia de Dios fue para el autor más sentida que real. Quiero decir que probablemente Dios estaba allí, más presente que nunca, aunque a través del misterio del abandono de la cruz, compartido por el autor quizá sin saberlo él. Como el grano de trigo del Evangelio, que no sabe que se muere, pero que al fin acaba dando fruto.

Lo mismo que él, yo también voy sabiendo cosas con el paso de los años. Una de ellas es que la verdadera bondad, como la auténtica humildad, son siempre desconocidas para sí mismas. Creo también que, en el caso de que llegáramos a compartir de verdad la existencia del Señor, nos sería concedido vivir el misterio del sufrimiento y de la pobreza cristianos en toda su plenitud. Y hasta pienso —aunque no puedo estar muy seguro de esto, puesto que carezco de experiencia— que nunca estará el Señor más cerca de nosotros que cuando, a pesar de que creamos lo contrario y precisamente por eso, lo echemos de menos con toda la angustia y toda la nostalgia de que es capaz un corazón enamorado.

Dice el autor que nunca encontró "al Amado", y que nunca tuvo nada, porque lo entregó todo por amor. Pero, ¿quién sabe…? Porque quizá esa búsqueda, continuada sin cansancio durante toda una vida, y acuciada por un doloroso sentimiento de ausencia producido a su vez por el amor, fue mucho más hermosa que un posible encuentro que hubiera llevado consigo el gozo de una presencia anticipada.

El autor parece conocer los escritos de San Juan de la Cruz. Y pienso para mí que el santo, tan identificado como estaba con los sentimientos descritos aquí, hubiera podido escribir, aunque mucho más bellamente, alguna de estas estrofas que hablan también de la búsqueda del Amado, en un lejano parafrasear del Cantar de los Cantares:

*Mi Amado, subiremos*
*al monte del tomillo y de la jara,*
*y luego beberemos*
*los dos, en la alfaguara*
*el agua rumorosa, fresca y clara.*

*Vayamos a la aldea,*
*y el carmín de la aurora esperaremos*
*para que yo te vea;*
*y luego callaremos*
*y el despertar del campo escucharemos:*

*El carro de la aurora,*
*las voces de pastoras y zagales,*
*la tórtola que llora*
*entre los robledales,*
*y el beso de la brisa a los trigales.*

*Si de nuevo me vieres,*
*allá en el valle, donde canta el mirlo,*
*no digas que me quieres,*
*no muera yo al oírlo*
*si acaso tú volvieras a decirlo.*

Yo también estoy empezando a creer, después de leer el manuscrito inacabado, que la Alegría perfecta solamente puede ser sentida en este mundo si se vive la nostalgia del verdadero Amor y el dolor de su ausencia. Una nostalgia y un dolor vividos al mismo tiempo que se camina en la seguridad de una esperanza cierta. El camino, sin embargo, tenemos que hacerlo cada uno, sin que nadie pueda venir a sustituirnos para sufrir por nosotros. Pues las ansias y el dolor por la ausencia de Dios son nuestra propia tarea personal. Como el amor, que es siempre personal y único para cada uno. Por eso nuestro poeta de Fontiveros hubiera podido haber dicho también, en otra estrofa que nunca se escribió:

> *Al ruiseñor herido*
> *pedí que su lamento me dijera,*
> *mas luego le he pedido*
> *que no me respondiera,*
> *para seguir llorando a mi manera.*

# Índice de Citas
# del Nuevo Testamento

**SAN MATEO**

5: 16, **130**
6: 1, **130**
   2, **119**
   6, **25**
   24, **102**
7: 1, **133**
   13–14, **92**
   15, **75**
8: 1–4, **44**
   5–13, **43**
9: 10–11, **127**
   13, **79**
10: 37, **144**
   39, **20**, 40, **107, 156**

11: 12, **108**
   30, **167**
13: 13–15, **130**
   22, **135**
14: 23, **25**
16: 25, **124, 125**
17: 20, **118**
19: 21, **134**
   23, **134**
   24, **134**
   29, **144**
21: 22, **18**
25: 1–13, **31**
   23, **40**
   42, **94**
27: 46, **159**

174

# SAN MARCOS

1: 35, **25**
2: 15, **127**
10: 27, **118**
  46–52, **43**
  48, **162**
12: 41–44, **120**

# SAN LUCAS

1: 37, **118**
5: 5, **163**
  29–30, **127**
6: 12, **25**
7: 36–50, **44**
  47, **120**
9: 58, **156**
10: 41–42, **47**
11: 5–8, **16**
  5–13, **13**
12: 13–14, **52**
13: 22–30, **92**
14: 23, **36**
18: 9–14, **41, 43**
21: 1–4, **114**
23: 28, **29**

# SAN JUAN

1: 47, **67**
3: 8, **37**
  16, **144**
  19–21, **70**
  21, **67**
5: 1–9, **162**
  33, **68**
6: 56–57, **20**
  57, **19, 124**
7: 37, **107**
  37–39, **27**
8: 32, **108**
  44, **70, 106**
9: 41, **130**
10: 2, **123**
  9, **123**
12: 1–8, **129**
  24, **41**
13: 1, v, **144**
  33, **27**
  34, **36**
14: 3, **28**
  6, **67**
  12–14, **18**
  17, **105**
  25–26, **28**
  27, **158**
  28, **28**
15: 7, **18**

175

13, **21**, **70**, **144**
15, **20**
16, **164**
16: 4, **28**
7, **27**
13, **67**, **68**
19–20, **28**
20, **158**
32, **159**
17: 17, **108**
26, **166**
18: 37, **68**
19: 23, **127**

## HECHOS DE LOS APÓSTOLES

3: 1, **161**
4: 32, **34**

## ROMANOS

1: 19–22, **70**
5: 5, **36**, **166**

## 1 CORINTIOS

1: 26–29, **163**
9: 16, **117**

27, **118**
13: 3, **128**, **133**
5, **17**
7, **17**
8, **165**
13, **165**

## 2 CORINTIOS

3: 17, **100**
8: 9, **146**, **147**, **161**
10, **137**

## GÁLATAS

2: 20, **20**, **123**
3: 28, **79**

## EFESIOS

4: 4, **34**
15, **67**, **69**

## FILIPENSES

1: 21, **154**
2: 5, **35**
4: 12–13, **133**

COLOSENSES

    2: 8, **75**

2 TESALONICENSES

    2: 9–12, **74**
       10, **69**

2 TIMOTEO

    4: 3–4, **61**

HEBREOS

    4: 12, **77**
   12: 4, **40**

2 PEDRO

    2: 20–22, **57**

1 JUAN

    1: 6, **67**
    2: 21, **105**
    3: 22, **18**
    4: 6, **105**
      8, **102**
     16, **106**

APOCALIPSIS

    2: 9–10, **159**
    3: 17, **122**
     20, **123**

# ÍNDICE

Prólogo . . . . . . . . . . . . . . . . . . . . . . . . 5

El Amigo Inoportuno . . . . . . . . . . . . . . . . 11

El Amor a la Verdad . . . . . . . . . . . . . . . . 59

La Viuda Pobre . . . . . . . . . . . . . . . . . . . 109

www.ingramcontent.com/pod-product-compliance
Lightning Source LLC
Chambersburg PA
CBHW061958090426
42811CB00006B/978

*9 781732 288553*